Peter Dermühl – Klosterland Bayern

Peter Dermühl

Klosterland Bayern

Vierzehn Reisen
in weiß-blaue Glaubenswelten

Mit Fotografien
von Michael Westermann

Verlag Sankt Michaelsbund

In Erinnerung an Josef Nieberle und Walter-Maria Skarba

Diesem Buch liegt eine Artikelserie zugrunde, die in der Zeit vom 16. Dezember 2005 bis 18. März 2006 in der Münchner Tageszeitung tz erschienen ist.

Der Verlag Sankt Michaelsbund im Internet:
www.st-michaelsbund.de

ISBN-10 3-920821-92-0
ISBN-13 978-3-920821-92-4

1. Auflage 2006

Umschlaggestaltung: Monika Rohloff, München
Layout und Satz: Rudolf Kiendl, München
Druck und Bindung: Friedrich Pustet KG, Regensburg

Inhalt

Klosterland Bayern

Der weiß-blaue Ordensstaat – von Nonnen und Mönchen erschaffen

Natürlich gibt es das nirgendwo sonst auf der Welt. Nur in Bayern lassen sich Politiker aller Ränge in der Fastenzeit vom „Paulaner-Mönch" sauber durchnehmen und trinken dazu aus Tonkrügen eher selten das starke Fastenbier, das sich Mönche ausgedacht haben. Das passiert in einer Stadt, die auf Mönche zurückgeht und deshalb so heißt.

Außerdem wird München in der Zahl der hier tätigen Klöster und Orden nur noch von Rom übertroffen. Bayern ist eigentlich ein Ordensstaat und könnte sich „Klosterbayern" nennen, weil die Klosterdichte enorm und die Zahl der christlichen Orden mit gut 60 recht hoch ist. Bayerns „Hausorden" sind die Benediktiner. Logisch, dass sich ein bayerischer Papst „Benedikt" nennt. Joseph Ratzinger hat den Ordensgründer Benedikt von Nursia im Sinn gehabt, den sie den „Baumeister des christlichen Abendlandes" nennen. Der Papst wusste zudem: Ohne diesen Orden gäbe es das gelobte Land Bayern nicht, auf das heute alle so stolz sind.

Klosterbayern beginnt in den letzten Wirren der Völkerwanderung Ende des 6. Jahrhunderts. Nach der Flut der Völker aus dem Osten tröpfelten aus dem Westen in kleinen Gruppen irische und schottische Wandermönche ein. Sie trugen den christlichen Glauben auch an die Donau, wo sich im Land zwischen Lech und Inn aus keltischen und slawischen Stammesgebieten das bajuwarische Herzogtum der Agilolfinger mit der Hauptstadt Regensburg gebildet hatte. Im wilden Bayern entstanden Missionsposten und Einsiedeleien, da und dort wehrhafte Bauten. So wurde im Jahr 600 Bayerns ältestes Kloster gegründet, die Abtei St. Georg zu Weltenburg, kühn am Donaudurchbruch platziert. Es ist kein Zufall, dass Klöster und später die Wallfahrtskirchen an den schönsten Plätzen im Land stehen. Man baute an den heiligen Stätten der Eingeborenen, an weithin sichtbaren und halbwegs sicheren Standorten.

Den Wandermönchen, wilden Gesellen, oft bis zu den Augenlidern tätowiert, folgten schnell wohlorganisierte Benediktiner. Sie rodeten und legten Sümpfe trocken. Das 8. Jahrhundert wurde zur Ära der Klostergründungen, hier die bekanntesten: 731 Niederaltaich an der Donau, 739 Benediktbeuern, 741 Thierhaupten bei Augsburg, 746 Tegernsee, 753 Wessobrunn, 762 Schäftlarn, 764 Ottobeuren oder 766 Metten an der Donau. Stifter der Klöster waren bekehrte Adelige und Landesherrn. Die Kloster-Sponsoren wussten, was sie an den Benediktinern hatten. Die Mönche schufen im Land Kompetenzzentren, „Cluster", von denen aus Bildung, Wissen und Kultur Verbreitung fanden. Gelehrt wurden Acker-, Garten- und Weinbau sowie Viehzucht, Medizin und Naturwissenschaften, Schrift, Musik, Malerei, Theater und Geisteswissenschaften. Schulen und später sogar Universitäten gediehen auf Klosterboden. Benedikts Regel bis heute: Alles

Lebensnotwendige soll innerhalb des Klosters sein. Das macht unabhängig und organisatorisch überlegen. Und auch das gilt bis heute: Eine Abtei ist „exemt" – das heißt: in sich selbstständig und untersteht nicht dem Bischof des jeweiligen Bistums.

Wissbegierig wie die Benediktiner waren, hatten sie den Wissensschatz vergangener Kulturen aus dem zerfallenden Römischen Reich in ihren Bibliotheken gespeichert. Wenn die Bayerische Staatsregierung heute von Standortvorteilen spricht, so hat sie das den Benediktinern und den aus ihnen hervorgegangenen anderen Klosterorden zu verdanken. Das moderne Bayern ruht außerdem auf dem Fundament eines Staats- und Rechtswesens, das aus den Denkstuben der alten Benediktiner kam. So schrieben die Mönche der Abtei Niederaltaich im 8. Jahrhundert den bajuwarischen Herzögen die „Lex Baiuvariorum", eine Art erstes Grundgesetz und Bürgerliches Gesetzbuch.

Gottes Wort hatte indes Vorrang. Die Mönche bauten unter Lebensgefahr die Infrastruktur des Glaubens in Form von Bistümern auf. Hier machte sich der Benediktinermönch Bonifaz einen Namen als besonders Rastloser. Er gründete flugs die Bistümer Regensburg, Freising, Passau, Eichstätt, Augsburg oder Würzburg. Die Zentren des Glaubens und des Gemeinwesens blieben jedoch die Klöster, bis die Zeit der Städte kam. Missionieren war aber nicht nur ein Himmelfahrtskommando. Denn Klöster und deren Strukturen kamen den Bajuwaren gar nicht so fremd vor: Der Abt wurde wie der Stammeshäuptling frei gewählt. Auch taugte den geselligen Bajuwaren der familiäre Geist und die Gastfreundschaft der Mönche – und später auch deren Bier.

Die Welt der Klöster entwickelt sich im jungen Bayern immer gedeihlicher. Auch Frauenklöster entstehen. Vor allem der Adel liefert mönchischen Nachwuchs. Denn schließlich sprudelt in Klöstern der oft einzige Wissensquell. Als Berater der Mächtigen, als Monopolisten des Wissens und der Fertigkeiten erlangen die Benediktiner große Macht. Doch es kommt die Zeit, da sich Nonnen und Mönche von der Regel des Ordensgründers Benedikt entfernen, der vor allem Armut, Gehorsam und Ehelosigkeit gefordert hatte. Ab dem 11. Jahrhundert gerät der Orden, auch in Bayern, in eine tiefe Sinnkrise und beginnt sich aufzuspalten. Neue Orden werden gegründet, darunter Kartäuser, Prämonstratenser und Zisterzienser. Sie leben streng nach den Ordensregeln des hl. Benedikt, aber auch des hl. Augustinus, der noch vor dem spätrömischen Benedikt aus dem christlichen Ur-Mönchtum, aus dem Leben und dem Glauben der nordafrikanischen Wüstenmönche heraus sein legendäres Regelwerk schöpfte. Mit dem Entstehen der Städte und des städtischen Elends erlebte die Ordenswelt den nächsten großen Wandel. Es gründen sich Bettelorden. Nonnen und Mönche leben in völliger Armut, sind aber hingebungsvoll in Seelsorge, Bildung und Wissenschaft tätig: Franziskaner, Dominikaner oder später Kapuziner und Augustiner.

Doch bald formt sich die mittelalterliche Welt im Aberglauben ein Schreckensbild, das mit der heiligen Inquisition noch befördert wird: Mönche predigen wie besessen gegen das Böse, foltern Unschuldige, erpressen dabei Geständnisse, zünden im Namen Gottes Scheiterhaufen an, leben aber selbst nicht selten am sündhaftesten. Die Kirche wiederum will nicht von weltlicher Macht lassen. Die Zeit des ehemaligen Augustinermönchs Martin Luther kommt. Er wettert gegen Papsttum, Zölibat – und gegen die Klostertradition. Bayern wird ein Bollwerk gegen den Reformer und führend in der Gegenreformation. Ein neuer Orden war nämlich 1549 zum Kampf gegen die lutherischen Ideen ins Land gekommen, weil Bayern-Herzog Wilhelm IV. den Papst Paulus III. dringend darum gebeten hatte: die Jesuiten des Basken Ignatius von Loyola. Name: Societas Jesu (SJ). Sie knüpfen im Herzogtum ein Netz von höheren Schulen für alle. Es gelingt, eine geistige, treu katholische Elite für Staat und Kirche heranzuziehen. Die cleveren Jesuiten selbst besetzen als Berater der Wittelsbacher die Schaltstellen der Macht. Gleiches passiert in ganz Europa. Kaisern, Königen und Fürsten wird das zuviel. Auf Druck der weltlichen Mächte verbietet Papst Clemens XIV. 1773 den Jesuitenorden. 1776 endet die Jesuitenarbeit auch im Kurfürstentum.

Eine zweite Blüte nach ihrer Gründerzeit erlebten die Orden in Bayern im Barock: Die Wissenschaften und die Künste gediehen vor allem in den benediktinischen Klöstern auf das Beste, es wurde gedichtet und komponiert, namhafte Orchester- und Theaterbühnen entstanden, die Bibliotheken entwickelten sich zu Schatzkammern des Wissens. Die Abteien wurden barockisiert und gaben neben den Schlössern die prächtigsten Architekturen im Bayernland ab, bis heute.

Dann das jähe Ende. Schon während der Zeit der Aufklärung wurde über die Trennung von Staat und Kirche nachgedacht. Die Französische Revolution setzte das Thema radikal um: Der Staat griff sich den Besitz der Kirche. Napoleon machte daraus einen europäischer Gedanken, der schließlich 1803 in Bayern unter dem Begriff „Säkularisation" zur Enteignung und Aufhebung der Klöster führte. Kurfürst Max IV. Joseph hatte in seinem Minister Maximilian von Montgelas einen harten Vollstrecker. Das Urteil bei Hofe über die Klöster: kein Nutzen für die Gesellschaft. Nach Einzug klösterlichen Grundes wuchs der staatliche Grundbesitz schlagartig um 28 %. Bayern verarmte aber auch. Mit den Nonnen und Mönchen verschwanden deren Leistungen in Seelsorge, Kultur, Wissenschaft und Wirtschaft. Uralte Klöster wurden entweder abgebrochen oder zu Gefängnissen und Irrenanstalten. Vor allem die von Klöstern aus über Jahrhunderte geknüpften Netzwerke der sozialen Fürsorge und der schulischen Bildung existierten plötzlich nicht mehr. Elend und Unwissenheit machten sich vor allem auf dem Land breit. Viele Menschen wanderten in die Städte ab. Dort entstand so, beschleunigt durch die beginnende Industrialisierung, neues Elend.

27 Jahre gehen nach dem Schicksalsjahr 1803 ins Land Bayern, das von Napoleons Gnaden Königreich geworden war. Auf Max IV. Joseph, der als König Maximilian I. 1825 starb, folgt sein Sohn Ludwig und der schickt gleich den Minister Montgelas in die Wüste. 1830 verfügt der Monarch den Wiederaufbau des klösterlichen Lebens in seinem

Königreich. Die Benediktiner sind sein Lieblingsorden. Als erstes Kloster wird die Benediktinerabtei in Metten (Kreis Deggendorf) neu belebt. Der König gibt den Mettener Mönchen den Auftrag, sich in München um den Aufbau eines Klosters zu kümmern. Schließlich entsteht an der Karlstraße das „Königskloster" St. Bonifaz. Ludwig erlaubt auch den anderen Orden, im Königreich wieder anzupacken. Auf Geheiß des Königs arbeiten die Nonnen und Mönche dort, wo die größte Not herrscht: In Seelsorge, Bildung und Krankenpflege. Die Klöster und Orden werden wieder eins mit Bayern.

Eine gute Zeit im Königreich heilt langsam die 1803 ins monastische Leben geschlagenen Wunden. Auch der von Reichskanzler Otto von Bismarck mit dem Vatikan ab 1871 ausgefochtene, 16 Jahre andauernde Kulturkampf um eine erneute klare Trennung von Kirche und Staat kann Bayerns Bindung zu seinen Klöstern und Orden nicht viel anhaben. Dann aber kommt die Nazi-Zeit. Ein weiteres Mal kämpfen Klöster und Orden ums Überleben. Diesmal jedoch ist nicht nur die Institution „Kloster", sondern auch das Leben der Nonnen und Mönche im Fadenkreuz der Staatsmacht. 1933 beginnt die braune Terrormaschinerie systematisch ihr Zerstörungswerk. Zunächst mit Verleumdungen. Das Regime setzt in die Welt, Klöster seien Zentren der Homosexualität und des illegalen Geldhandels. Spätestens Ende der 30er Jahre werden alle Klosterschulen in Bayern geschlossen. Anschließend stehen Nonnen und Mönche auf den Blutlisten der Gestapo, Tausende kommen in die KZs. Mönche werden gezielt zum Fronteinsatz eingezogen. Die wenigsten kommen zurück. 1941 starten die Nazis schließlich auch in Bayern die Operation „Klostersturm", denn viele Ordensangehörige leisten Widerstand, bieten Verfolgten Unterschlupf oder predigen mutig gegen den Staatsterror. Hitlers Schergen toben sich in den Klöstern aus. Nie zuvor in der 1 500-jährigen Geschichte des Klosterlandes Bayern war derartiges geschehen.

Heute, im dritten Jahrtausend, sind Klöster und Orden in Bayern zu Hoffnungsträgern für viele geworden. Die Menschen in der Außenwelt wissen, dass die meisten Nonnen und Mönche bei ihrer Bildungs-, Sozial- und Friedensarbeit über Religion und Weltanschauung hinausblicken. Ordensleute schärfen wieder den weiten Blick in einen offenen Himmel des Glaubens und: Sie wollen auch ehrliche Antworten auf die aktuelle Frage geben: „Was soll ich und was kann ich wie glauben?" Sie werden immer besser verstanden von den Suchenden, die bei der Esoterik-Tour nach Tibet zum „Geiz-ist-geil"-Tarif vergeblich der Erleuchtung hinterher hechten. Auf einmal wird klar, wie hervorragend zum Beispiel das Angebot für Meditation, Kontemplation und Spiritualität sortiert ist – beim Kloster oder Orden gleich um die Ecke.

Nonnen und Mönche treten auch gegen die Zerstörung der sozialen Gerechtigkeit an. Sie verlangen dabei nicht mehr, als dass Menschenrechte, vornehmlich jene auf Bildung, Arbeit und Achtung der Würde des Menschen, befolgt werden. Es sind im übrigen Grundrechte, die seit langem in den Länderverfassungen und im Grundgesetz dieser deutschen Republik stehen. Klöster und Orden pochen heute auf die Einhaltung der

Grundsätze der christlichen Soziallehre und stemmen sich gegen die Aushöhlung dieses Wertekanons durch den angeblich unaufhaltsamen Mechanismus der Globalisierung. Von alledem wird auch die kränkelnde Kirche profitieren, die immer schon in Zeiten größter Not rettende Wegweisungen aus der Ordenswelt bekommen hat.

Andererseits ist es kein Geheimnis, dass die meisten Klöster und Orden von Sorgen gedrückt werden, weil allmählich das Personal für die Arbeit und das Geld zur Finanzierung der Aufgaben knapp werden. Aber das Klagen als Merkmal des herrschenden Zeitgeistes ist für diese Zeitlosen kein Thema. Man sollte halt glauben können, wie damals schon, vor fast 1 500 Jahren.

Mission possible

In königlichem Auftrag trugen die Mettener Benediktiner den Glauben bis in die USA

Eine der schönsten Klostergründungs-Legenden rankt sich um die Mettener Abtei: Ein frommer Mann namens Utto lebte als Einsiedler in den sumpfigen Auwäldern an den Ufern der wilden Donau, dort, wo heute die Autobahn A 3 nach Passau auf einer eleganten Brücke den Fluss überquert. Eines Abends kniete Utto nach getaner Rodungsarbeit vor seiner Einsiedelei zum Gebet nieder und etwas Unglaubliches passierte: Er hängte doch tatsächlich seine Sichel an den letzten Sonnenstrahlen auf. Dies beobachtete kein Geringerer als Karl der Große, der in den Mettener Wäldern zur Jagd war. Tief beeindruckt versprach er Utto, an dem Ort, wo die Sichel zu Boden falle, ein Kloster zu bauen.

Erzählt wird auch diese Version: Ein ebenfalls frommer Mann aus der Umgebung, Gamelbert mit Namen und von adeliger Herkunft, soll das Kloster 766 im Donau-Auenland mit Geld und Grund aus seinem Familienbesitz gestiftet haben. Zu dieser Zeit und bis in das 19. Jahrhundert war es durchaus üblich, dass Adelige sowie gekrönte Häupter Kloster „spendierten", um dem Herrgott zu gefallen. Besagter Gamelbert hatte an den Bayernherzog Tassilo für den Klostergrund eine Steuer zu bezahlen, die „Medema" hieß und zugleich den Klosterort bezeichnete. Daraus wurde über die Jahrhunderte der Name Metten.

Mit dem Kloster sollte der neue Glauben in eine Gegend gebracht werden, die vor kurzer Zeit noch Teil der römischen Provinz Rätien war. Jedenfalls ließ Kaiser Karl – und das ist keine Legende – die Mettener Abtei unter seinen Schutz stellen und schenkte noch Land dazu. Erster Abt wurde der legendäre Utto. Die Mönche kamen vom Benediktinerkloster der Bodensee-Insel Reichenau, einige

aus Irland und Schottland. Von Metten aus machten die Gottesmänner den Bayerischen Wald und das heutige Oberösterreich urbar und die Menschen christkatholisch – allerdings nicht so ganz. Denn die iro-schottischen Mönche konnten ihre keltische Herkunft nicht leugnen und hatten Verständnis für die Bajuwaren, von denen nicht wenige den Keltengöttern huldigten. So durften sie noch ein wenig Heiden sein und an ihren

Benediktiner, OSB

(OSB = Ordo Sancti Benedicti, Orden des heiligen Benedikt)

Ordensgründer: Der Italiener Benedikt von Nursia (seit 1964 Patron Europas).
Ordensgründung: 529 n. Chr im Kloster Monte Cassino. Ordensregel „ora et labora" (bete und arbeite) bestimmend für nahezu alle abendländischen Orden.
Ordenstracht (lat. Habitus): schwarze Tunika (in der Antike übliches Untergewand) mit einem Zingulum (lat. Gürtel) in der Hüfte gebunden, zwei weiße Kragenspitzen, darüber schwarzes Skapulier (= fast bodenlanger Überwurf) mit Kukulle (= Kapuze mit Schulterkragen) und schwarze Flocke (= mantelähnliches Überkleid, Sandalen im Sommer, Schuhwerk im Winter).
In Bayern derzeit 14 Männer- und 7 Frauenklöster.

heilige Stätten, den Quellen, Bäumen oder Steinsetzungen ihre Götter anbeten. Erst die von Rom angeordnete zweite Christianisierung Ende des 1. Jahrtausend sollte die bayerisch-österreichischen Eingeborenen dann richtig katholisch machen.

Die Abtei zum heiligen Michael erlebte durch die Jahrhunderte bewegte Zeiten: die Hunnenstürme, Überfälle, Brandkatastrophen. Überdies wurden die Mönche von zahllosen politischen und innerkirchlichen Widrigkeiten heimgesucht. Oft schien das Ende nah. Doch Metten erstrahlte auch in

Abt Wolfgang M. Hagl in der prächtigen Bibliothek seines Klosters

Ruhm und Glanz. So wurde die Schreib- und Malschule, aus der prachtvolle Bibeln und Schriften kamen, weithin gerühmt. Die Lateinschule der Mettener Benediktiner, die sich gemäß der Regel ihres Ordensgründers auch der Bildung und Wissensvermittlung verschrieben hatten, genoss ebenfalls einen exzellenten Ruf. Zu wahrhaft üppiger Blüte gelangte die Abtei in der Barockzeit: Die Klosteranlage in ihrem heutigen Aussehen entstand, ebenso die großartige Bibliothek. Der Vatikan wurde immer öfter auf die gelehrten Mönche aus urbaierischen Stammlanden aufmerksam. In Rom wüsste man ihre Fähigkeiten in Theologie und Philosophie sehr zu schätzen. Passend zum lebensfrohen Barock knüpften die Mönche an die Ordens-Tradition in Theaterkunst und Musik an, schrieben Stücke und komponierten, dass es eine Freude war. Metten wurde ein Zentrum für Wissenschaft, Kultur und Bildung.

Dann aber kam der 21 März 1803. Mitten in die Blütezeit hinein fegte der eisige Sturm der Säkularisation. Der spätere Bayernkönig Maximilian I. ließ seinen Kanzler Maximilian Joseph von Montgelas verkünden: „Alle Klöster in Bayern sind sofort zu schließen." Was war geschehen? Als Erbe der Französischen Revolution hatte das Deutsche Reich die Trennung von Kirche und Staat vollzogen.

Kaiser Karl der Große begegnet dem seligen Utto.

Kirchliche Führer, mithin auch die Klosteräbte, hatten bis dahin weltliche Macht, von der Gerichtsbarkeit bis zum Steuereintreiben. Und sie waren zum Teil äußerst vermögend. Allein der kirchliche Grundbesitz war schier unermesslich. Mit alledem sollte endgültig Schluss sein. Hintergrund war auch, dass weltliche Fürsten aufgrund der Abtretung der linksrheinischen Gebiete an das Frankreich Napoleons entschädigt werden mussten. So kam es zum sogenannten Reichsdeputationshauptschluss des Reichstages in Regensburg, der Rechtsgrundlage für den verheerenden Sturm auf die Klöster. Der Regensburger Beschluss hatte allerdings der weltlichen Macht die Möglichkeit zugestanden, Klöster und Orden weiterhin bestehen zu lassen. Während andere Länder im Deutschen Reiches davon durchaus Gebrauch nachten, ging das Königreich Bayern mit größter Härte insbesondere gegen die Klöster vor.

Die Benediktiner in Metten verloren alles. Alte Mönche kamen in Sterbeklöster, die jüngeren Mitbrüder in Pfarreien. Aus Beichtstühlen wurden Futterkrippen, aus Gebäudeschmuck Baumaterial. Viele der wertvollen Bücher, die nicht in die Staatsbibliothek nach München kamen, dienten als Füllmaterial im Straßenbau. Mobiler Klosterbesitz kam unter den Hammer. Bis in die 70er Jahre des vergangenen Jahrhunderts kauften die Mettener Mönche noch Klosterinventar aus Privathaushalten zurück. Das Schlimmste aber war: Das von den Orden getragene, flächendeckende System der Kranken- und Altenpflege, der Seelsorge sowie der Schul- und Berufsbildung brach durch den Federstrich

Der Sarkophag mit den Reliquien des ersten Abtes Utto in der Klosterkirche

der Wittelsbacher über Nacht zusammen. Und auch als bedeutende Arbeitgeber waren die Orden plötzlich von der Bildfläche verschwunden. Große Not herrschte in Stadt und Land, denn für Ersatz und Ausgleich hatten der König und sein Kanzler natürlich nicht gesorgt.

27 lange Jahre stand die St. Michaels-Abtei zu Metten leer. Inzwischen war in München auf König Max dessen Sohn Ludwig als König Ludwig I. gefolgt. Ludwig galt als kunst- und kultursinnig und hatte eine Vorliebe für den Benediktinerorden. Denn der hochgebildete Ludwig wusste, dass die Benediktiner in der Frühzeit Bayerns über Jahrhunderte hinweg die einzigen Träger der Kultur, der Bildung und sozialen Versorgung gewesen waren. 1830 verfügte Ludwig die Wiedereinführung des Ordens- und Klosterlebens im Königreich. Metten wurde als erste Benediktinerabtei in Bayern reaktiviert. Das Kloster-Gymnasium öffnete zuvörderst seine Pforten.

Auf Geheiß des Königs bauten Mettener Mönche das Kloster St. Bonifaz in München. Die Abtei mitten in der Stadt ist übrigens auch letzte Ruhestätte des Monarchen und seiner evangelischen Gemahlin, der Königin Therese. Der emsige Ludwig verfügte die Wiedergründung der Klöster Scheyern bei Pfaffenhofen, Weltenburg an der Donau und Niederalteich. Damit nicht genug: Der Ludwigs-Missionsverein des Königs brachte das Benediktinertum in die USA. 1846 gründete der Mettener Pater Bonifaz Wimmer mit niederbayerischen Mitbrüdern im Bundesstaat Pennsylvania das Kloster St. Vincent als erstes Benediktinerkloster in den USA. Der Bau weiterer neun Klöster folgten, sozusagen eine „mission possible“ aus Niederbayern.

In Metten erholte sich die Abtei allmählich von den Folgen der Säkularisation, blühte wieder auf und wurde zum Segen für Land und Leute. Doch mit Hitlers Machtergreifung brach erneut eine dunkle Zeit an. Wie alle Klöster war auch Metten ins Visier der Nazis geraten. Man wusste, dass das Kloster unter seinem furchtlosen Abt Korbinian Hofmeister Regimegegnern Zuflucht gewährte. 1939 schlossen die Nazis Gymnasium und Internat. Reichsjugendführer Baldur von Schirach höchstpersönlich ließ dabei die Hitlerjugend im Klosterhof antreten, nachdem sich der Abt geweigert hatte, ihn zu empfangen. Kurze Zeit später wurde Korbinian verhaftet. Er kam nach Berlin zum Verhör. Bekannt war, dass Mettener Patres engen Kontakt zum Widerstand hatten. Um seinen Willen zu brechen, schaffte man den mutigen Abt ins KZ nach Dachau. Er überlebte als kranker Mann und starb 1960. Das Regime strafte Metten weiter ab: Zehn Mönche wurden eingezogen und blieben im Krieg. Währenddessen nahm das Kloster Obdachlose aus zerbombten Städten auf. 1943 dann das nächste Unglück: Durch überhitzte Öfen in den Flüchtlingsquartieren brannte fast die Hälfte des Klosterkomplexes ab.

Geschwächt durch den Aderlass während der braunen Diktatur machten sich die Mönche nach Kriegsende unter großen Mühen an den Wiederaufbau ihres Klosters. Die Abtei hatte jedoch von ihrem guten Ruf, Bildungs- und Kulturzentrum zu sein, nichts verloren. Bald florierten Gymnasium und Internat aufs Neue, im herrlichen barocken Festsaal wurde an die Konzerttradition angeknüpft und auf der Schulbühne führten die Mönche wieder altgriechische Tragödien und Komödien auf. Gemäß der Ordensregel, durch gutes Wirtschaften sich selbst zu erhalten, trieben die Benediktiner die Land- und Forstwirtschaft voran und auch die Sudkessel der Brauerei kamen wieder unter Dampf. Vieles davon lohnt sich jetzt nicht mehr. Vom Kloster profitiert bis heute die Marktgemeinde Metten. Die Abtei zieht Jahr für Jahr Tausende von Touristen an. Und wenn die Klosterbrüder gut aufgelegt sind, dann erzählen sie die Legende von Utto und Karl dem Großen derart glaubhaft, dass selbst Lutherische glänzende Augen bekommen.

Wo Schwarze und Rote in die Knie gehen

Im Kloster Metten kommen Politiker zu sich – drei Äbte und ein Handballverein

Hin und her wogt das Spiel, ein einziger Schlagabtausch, serienweise kleine, hässliche Fouls – und kein Pfiff. In der Halle brodelt es, die fast 300 Fans toben. Da platzt es aus dem Mönch heraus: „Ja Herrgottzeiten, was pfeifen denn die für an Schmarrn z'amm." Samstagabend in der St. Benedikt-Halle von Metten im Landkreis Deggendorf: Pater Eberhard Lorenz in der schwarzen Kutte schimpft über die beiden Schiedsrichter, die das Handball-Landesligaspiel zwischen der Schulsportgemeinschaft SSG Metten und dem SV Wacker Burghausen nicht im Griff haben. Nach Spielende verzeiht der Mönch den Schiris

Bayerns Handball-Pater Eberhard Lorenz

bei einer Halben Bier. „Schwer zu pfeifen, das Spiel," analysiert der Gottesmann fachkundig. Pater Eberhard ist nämlich nicht nur Pfarrer von Metten, sondern auch Handballer aus tiefster Überzeugung. Er hat den Verein mitgegründet und war jahrelang Trainer.

Viel Zeit hat der Mönch nun nicht mehr, um mit seinen „Handball-Schäfchen" in der Halle auf dem Klostergelände zusammenzusitzen. Drei Gehminuten von der kleinen Handballarena entfernt warten jetzt seine Mitbrüder im Kloster mit der Komplet, dem letzten Gebet des Tages. Der gebürtige Hallertauer zählt zur Gemeinschaft der Benediktinermönche in der Abtei „zum heiligen Erzengel Michael" und hat den strengen Ordensregeln zu folgen. Pünktlichkeit gehört dazu. Und das gilt in Metten seit dem Gründungsjahr 766 bis heute.

So sehr die Regel des hl. Benedikt Ordnung und Gehorsam bis ins Kleinste bestimmt, so viel eigene Freiheit lässt sie den Mönchen nach dem Grundsatz „ora et labora" (bete und arbeite). Beim Blick hinter die Mettener Klostermauern kommen daher „Handgeschnitzte" zum Vorschein, Menschen mit schon besonderen Eigenschaften und Begabungen. Die Besonderheiten reichen bis in die Chefetage des Klosters: Weil ein gewählter Abt ein Leben lang Abt bleibt, gibt es hier gleich drei: Da ist Abt Wolfgang M. Hagl, der amtierende Klosterchef. Ihm vertraut der schwarze Altkanzler Helmut Kohl ebenso wie der rote Ex-Innenminister Otto Schily. Und bei ihm klopft manchmal auch

Klostermarkt in Metten

der ehemalige Mettener Klosterschüler Hans Jürgen Buchner alias Haindling an.

Da ist der aus gesundheitlichen Gründen zurückgetretene Altabt Emmeram, dessen geistlichen Rat Wirtschaftsführer suchen. Der Altabt sorgt sich aber auch um die Seelen der über 500 Franziskanerinnen von Mallersdorf in Niederbayern, die einen Sozialkonzern mit über 100 Niederlassungen betreiben. Und da ist der nicht nur körperlich große (1,91 m) Altabt Augustinus Kardinal Mayer, der nun schon dem vierten Papst in Rom als Berater dient. Der in den 90ern stehende Mönch setzt die alte kirchliche Berater-Tradition fort, die manch einen der niederbayerischen Benediktiner in die Ewige Stadt geführt hat.

Das Herumreisen in der Weltgeschichte sollte aber nicht Sache der Mettener Mönche sein, da gemäß Ordensregel ein jeder neben Armut und Keuschheit auch die „Stabilitas Loci", die Ortsbeständigkeit gelobt hat. Ordensgründer Benedikt wollte damit die Seinen vom ständigen Herumwandern im Land abbringen. Heute sehen die Mönche darin eher ihre Verankerung in der Gemeinschaft. Patres aus Metten lehren an Universitäten oder sind als Pfarrer bei ihren Schäfchen in den Gemeinden, kommen aber immer wieder in die Heimatabtei zurück.

Der jungenhafte Abt Wolfgang, der eine kleine Schwäche für schnelle Autos hat, muss allerdings schon schauen, dass im Kloster der Personalstand von 23 Mönchen nicht noch

weiter sinkt. Aber er ist optimistisch: „In der schnelllebigen Zeit sind viele auf der Suche nach Inhalten, nach Werten, nach all dem, was bewusstes Leben ausmacht. Ein Kloster wie Metten ist heute dafür ein richtiges Biotop." Die Ruhe und das Zu-sich-Finden schätzen viele, die für ein paar Tage „Kloster auf Zeit" in Metten erleben. Gern kommen auch Bundes- und Landespolitiker, um unerkannt ohne Stress und ohne Medienrummel Kompromisse auszuhandeln, Lösungen zu finden. Und auch Bundespräsidenten schauen in der Abtei gerne vorbei, wenn sich im Rahmen der Internationalen Schülerakademie junge Hochbegabte aus Osteuropa im Kloster treffen.

Die Mettener Klosterbrüder sind voll eingespannt, nicht allein durchs tägliche Beten. Ein großer Arbeitsplatz und zugleich das Aushängeschild ist das St. Michaels-Gymnasium, das mit knapp 500 Schülerinnen und Schüler zu den besten in Bayern zählt und auch ein Internat betreibt. Oft von weit her kommen Mädchen und Buben, die hier entweder die gute, alte „Lateinschule" mit humanistischer Ausbildung oder das neusprachliche Gymnasium besuchen. Tradition ist es, dass Gastschüler aus Südamerika, Frankreich und der benachbarten Tschechischen Republik in Metten zur Schule gehen, in der es längst nicht mehr so streng zugeht wie vor 30 Jahren, als es noch den Karzer, das „Verließ" für Schüler, oder den einen oder anderen Satz „heiße Ohren" für Lausbubenstreiche gab.

Viele „Altmettener", wie sich die ehemaligen Schulabsolventen nennen, von denen nicht wenige große Karrieren gemacht haben, erinnern sich trotzdem gerne an ihre Lehrer in der Kutte. Wie zum Beispiel an den seligen Pater Erminold, einen eher kleinen Mann von 1,60 Metern, aber mit Schuhen der Größe 49, die er von einem verstorbenen Mitbruder geerbt hatte – und: er sprach fließend zwölf Sprachen. Der Pater gründete mit seinen Schülern eine Donauflotte aus Kajaks und Faltbooten, die auf dem Strom zwischen den großen Schiffen ihr Unwesen trieb und Donauinseln besetzte. Schule und Internat waren übrigens der Nährboden für den heute so erfolgreichen Kloster-Handballverein mit zehn Jugend- und vier Seniorenmannschaften. Für ihre exzellente Jugendarbeit, die laut Handball-Pater Eberhard ja auch Seelsorge ist, wurden die „Klosterer", wie man sie in der Region nennt, sogar mit dem Deutschen Vereinsjugendpreis ausgezeichnet.

Längst sind die lehrenden Patres gegenüber den weltlichen Lehrern in der Minderheit, was den Cellerar Pater Markus, den klösterlichen Finanzmanager, weniger freut. Mitbrüder als Lehrer würden nichts kosten, trügen durch sogenannte Gestellungsverträge sogar noch zum Plus in der Klosterkasse bei. Aber

Schuldirektor und Prior Pater Eberhard beim Unterricht

da ist halt das Problem mit der viel zu geringen Zahl an Neueintritten ins Kloster. Ein kürzlich eingeführtes Schulgeld von monatlich 40 EUR soll die gute Ausbildung weiterhin sichern – in der Musik zum Beispiel, der großen Liebe der Benediktiner: Viele Orchester gibt es, dazu Chöre und ab und an Mettener Bundessieger im Fach Orgel beim Wettbewerb „Jugend musiziert." Und da ist nicht zuletzt die Musik der Mönche: Das Kloster zählt in der Welt des gregorianischen Gesangs zu einer der ersten Adressen. Die uralte mönchische Chormusik ist Meditation pur und fasziniert immer mehr Menschen. Konzerte in der prächtigen, barocken Abteikirche oder dem prunkvollen Festsaal ziehen die Fans sogar aus dem fernen München an.

Und noch eine Leidenschaft lässt die Benediktiner von Metten nicht los: Das Theaterspielen. Dafür haben sie hinter den Klostermauern die größte Schulbühne Bayerns. Pater Athanasius, der Theatermann des Klosters, bearbeitet ganze Opern und Musicals, bildet die Schüler aus und führt Regie. Er ging beim Mitbruder Adalbert in die Schule, dem ehemaligen Griechisch-Lehrer, dessen Spezialität altgriechische Komödien sind, darunter auch recht deftige. Jetzt hat sich der pensionierte Pädagoge aufs Bücherschreiben verlegt. Zwei Millionen Auflage hat er schon erreicht, vor allem mit humorig-ironischen Geschichten über Glaube, Kirche und Würdenträger.

Apropos Würdenträger. Ein Benediktiner-Mönch in seiner schwarzen Kutte ist eine Ehrfurcht gebietende Erscheinung. Nun soll es Menschen geben, die einiges darum gäben zu erfahren, was denn ein Mönch so unter seiner Kutte trägt. Diesem Ansinnen könnte Pater Paul abhelfen. Man müsste ihn nur bei

Pater Paul bildet nicht nur junge Floriansjünger aus. Er ist auch Mathematik- und Physiklehrer am Mettener Gymnasium und zuständig für die Klima-Hauptstation des Deutschen Wetterdienstes auf dem Klostergelände.

Alarm im Feuerwehrhaus der Marktgemeinde Metten sehen. Der Mönch ist Floriansjünger und oft in der Nähe auf der unfallträchtigen A 3 im Einsatz. Wie behände der Benediktiner von der Kutte in den Schutzanzug wechselt, das ist schon ein Schauspiel. In alarmfreien Zeiten zieht er den Wehr-Nachwuchs heran. Auch das sei Seelsorge, sagt er. Der Pater ist Naturwissenschaftler, gibt im Gymnasium Mathe und Physik und ist auch noch Meteorologe mit einer eigenen Wetterecke in der örtlichen Heimatzeitung. Sein Stolz ist die Klima-Hauptstation des Deutschen Wetterdienstes im Klostergarten, die er zusammen mit gelehrigen Gymnasiasten betreut.

Die klösterliche Familie in der Abtei St. Michael ist freilich ein wenig Abbild der weltlichen Gemeinschaft. Verständlich also, das selbst Mönche manchmal untereinander streiten, so auch im Mettener Kloster. Bei diesem Thema kommt jetzt wieder der Benediktiner mit der Handballleidenschaft ins

Spiel. Ein Streitpunkt zwischen Handball-Pater Eberhard und Feuerwehr-Pater Paul ist das Parken vor der St. Benedikt-Halle auf dem Klostergelände, wenn Pater Eberhards Verein spielt. Viele Fans denken nur an ihre Cracks, nicht aber an die Fluchtwege, die für Pater Pauls Feuerwehr frei bleiben müssen. Und dann gibt's eben Streit. Im Frühjahr nach dem Ende der Handballsaison wird's in dieser Ecke des Klostergeländes wieder ruhiger. Dann hört man nur noch das Brandungsgetöse des schnelllebigen Zeitgeistes, der an den Mauern von St. Michael ein noch schnelleres Ende findet.

Benediktinerabtei St. Michael, Metten an der Donau

Adresse:
Abteistraße 3, 94526 Metten (Marktgemeinde Metten, Landkreis Deggendorf).
Telefon 0991/9108-113, Telefax 0991/9108-100.
Email: Abt.Wolfgang@t-online.de.

Klostergründung:
im Jahr 766 n. Chr.
Derzeitiger Abt: Abt Wolfgang M. Hagl.
Zur Zeit 23 Mönche, tätig als Seelsorger, Gymnasiallehrer, Hochschullehrer, Historiker, Schriftsteller, Regisseur, Meteorologe, Funker, Fremdenführer, Kaufmann.

Anfahrt:
Aus Richtung Nürnberg A 3 Nürnberg-Passau, Ausfahrt Metten; aus Richtung München A 92 München-Deggendorf, bis Deggendorfer Kreuz, A 3 Passau-Nürnberg, Ausfahrt Metten. Per Bahn: Aus Richtung Passau, Regensburg und München bis Bhf. Plattling, weiter mit der Waldbahn (Richtung Bayerisch-Eisenstein) nach Deggendorf (Abholung mit der Abtei vereinbaren).

Tätigkeiten der Abtei:
Seelsorge in verschiedenen Pfarreien, Sozial- und Bildungsarbeit, St.-Michaels-Gymnasium (eine der besten Schulen Bayerns), alt- und neusprachlich, mit Internat für Mädchen und Jungen. Kulturpflege: Reihe „Konzerte im Kloster Metten" in Abteikirche und Festsaal, regelmäßig Theater- und Musical-Aufführungen sowie Kunstausstellungen und Tagungen, Verlag für kirchenrechtliche Schriften, Buchbinderei, Gärtnerei, Klimahauptstation des Deutschen Wetterdienstes.

Angebot der Mettener Benediktiner:
„Mitleben im Kloster" (Anfragen und Anmeldung bei Abt Wolfgang M. Hagl, Tel. 0991/9108-0 oder Email: abt.wolfgang@t-online.de).

Sehenswert:
Weltberühmte Barock-Bibliothek mit wertvoller theologischer, philosophischer und naturwissenschaftlicher Literatur, barocker Festsaal und Abteikirche mit berühmtem Asam-Altar (Führungen täglich außer montags und an Feiertagen 10:00 und 15:00 Uhr, Eintritt 3,00 EURO, Kinder u. Studenten 1,50 EURO; Anmeldung für Gruppen unter: 0991 9108-113 oder per Email: abt.wolfgang@t-online.de). Prälatengarten zur Erholung und Meditation (Fertigstellung Juni 2007)

Gastronomisches und touristisches Angebot:
Gasthof „Zum Kloster Metten" (in Klosternähe, mit Biergarten) Tel: 0991/2910888, www.gasthof-zumkloster.com, Cafe-Restaurant „Am Kloster" Tel: 0991/9989380, www.cafeamkloster.com; Abtei als Startpunkt des „Europäischen Pilgerweges" (erster Wegabschnitt von Metten nach St. Wolfgang, Oberösterreich); Station des internationalen Donauradweges, Ausgangspunkt für Wanderungen im angrenzenden Vorderen Bayerischen Wald, Freibad Metten (Tel: Marktgemeinde Metten 0991/99805–0).

Besonderheiten:
Handballverein im Kloster: Schulsportgemeinschaft SSG Metten.
Standort der Deutschen Schülerakademie für Begabte aus Osteuropa.

Zwischen Hexenhammer und Kneipp

Der Prediger-Orden der Dominikaner machte Bayern gotisch und gelehrig

Wer wissen will, wozu Nonnen- und Mönchsorden besonders gut taugen, der braucht sich nur im Vatikan umzuschauen. Die Barmherzigen Brüder führen das Regiment in der Apotheke des Kirchenstaates, die Paulinerinnen haben die Telefonzentrale unter sich, Salesianer-Mönche managen die Druckerei. Radio Vatikan ist Sache der Jesuiten. In den Beichtstühlen von St. Peter sitzen üblicherweise Franziskaner. Seit Jahrhunderten kommen die päpstlichen Haustheologen aus den Reihen des Dominikaner-Ordens, weil diese Mönche traditionell zu den Spitzenkräften unter den Gottesgelehrten zählen. Und Prediger vor dem Herrn sind die Mönche in den weißen Kutten sowieso. Kein Wunder: Sie gehören zum „Ordo Praedicatorum", zum Orden der Prediger, wie die Dominikaner eigentlich heißen. Deshalb überrascht es auch nicht, dass die Mönche bis heute die Lizenz zum Predigen beispielsweise im Liebfrauendom zu München haben.

Um bescheidene Ordensleute sollte kein großes Aufhebens gemacht werden. Im Lauf der Dominikaner-Geschichte jedoch verlief vieles recht spektakulär. Das fing schon bei der Gründung im Jahr 1216 an. Der spanische Gottesmann Dominicus Guzmán erlebt eine katholische Kirche auf dem Höhepunkt ihrer weltlichen Macht und am Tiefpunkt ihrer Glaubwürdigkeit. Das Wort Gottes kümmert die Päpste nur noch am Rande, sie sind skrupellose Machtpolitiker. Eiferer und Welterlöser übernehmen die Regie des Glaubens. Wirre Fanatiker schicken kleine Kinder auf einen Kreuzzug nach Jerusalem und damit in den Tod. Entrückte Bußfertige geißeln sich auf Sternmärschen die Körper blutig. Ein ganzer Kontinent schien in Hysterie und Todessehnsucht zu versinken.

Lange Zeit der Ort für einen Predigermönch: die Kanzel von St. Kajetan. Heute wird vom Ambo aus gepredigt.

Dominikaner, OP

OP = Ordo Fratrum Praedicatorum = Orden der Predigerbrüder

Ordensgründer: der Spanier Dominicus Guzmán (Schutzpatron der Dominikanischen Repubik).
Ordensgründung: 1216 als Bettelorden.
Ordenstracht (lat. Habitus): mit einem Zingulum (lat. Gürtel) in der Hüfte gebundene, weiße Tunika (in der Antike übliches Untergewand) , darüber schwarzes Skapulier (= fast bodenlanger Überwurf) mit Kukulle (= Kapuze mit Schulterkragen), Sandalen im Sommer, Schuhwerk im Winter.

Weltweit ca. 6.830 Dominikaner in etwa 600 Klöstern, vor allem in Entwicklungsländern in Sozial- und Bildungsarbeit tätig. Wissenschaftliche Arbeit in Theologie und Philosophie.
Dominikaner in Bayern: fünf Frauenklöster, zwei Männerklöster in Augsburg und München, Predigtstützpunkt in Regensburg, Betreuung der Autobahnkapelle Adelsried b. Augsburg an der A 8.

Gegen die kirchliche Machtentfaltung, den Sittenverfall und die allgemeine Verwirrung setzt jener Dominicus, nach dem sich später der 1216 gegründete Orden nennen wird, das einfache Leben in materieller Armut, aber in geistlichem und geistigem Reichtum: Der Spanier legt größten Wert auf umfassende wissenschaftliche Ausbildung. Die Seinen sollen topfit sein bei der kompromisslosen Orientierung am Evangelium. Bald konkurrieren die Dominikaner mit den Franziskanern um die Titel „Apostel der Armut" und „Bettelorden." Allein die Umstände seines Todes machen den Ordensgründer zu einem ausgewiesenen Armutsapostel. Am 6. August 1221 schlägt für den 56-jährigen Dominicus Guzmán in Bologna nach mehrwöchiger Krankheit die letzte Stunde. Er stirbt im Bett eines Mitbruders, da er kein eigenes Bett hatte und im Ordenskleid eines Mitbruders, da er kein zweites besaß, um seinen eigenen abgetragenen Habit zu wechseln.

Pfiffig ist dieser Dominik auch. Den Mauren in seiner spanischen Heimat hat er deren Gebetsschnüre abgeguckt und daraus das „Rosarium", den Rosenkranz, mit den 165 aufgereihten kleinen Kugeln gemacht. Ein Abschnitt besteht aus zehn kleinen und einem größeren Kügelchen. Zu beten sind also zehn Ave Maria und ein Vater Unser. So entsteht ein Bet-Rhythmus, der in einen tranceähnlichen Zustand und zu geistlichem, sprich spirituellem Reichtum führen kann. Dominiks Rosenkranz wurde auch „Computum" genannt. Das war das lateinische Wort für eine Schnur zum Zählen der Gebete. So war der Rosenkranz auch ein erstes Rechengerät im Gottesdienst. Im Englischen wurde daraus später der Inbegriff unserer schnelllebigen Zeit, der Name für den Turbo der Weltgeschichte: das Wort Computer.

Zurück ins 13. Jahrhundert: Der Ordensgründer hatte auch Spötter und Feinde in diesen bewegten Zeiten. Ein böses Wortspiel kam in Umlauf: Man nannte die Dominikaner „Domini Canes", lateinisch für „Hunde des Herrn", aber gemeint war eher „Bluthunde". Denn 1232 übertrug Papst Gregor IX. dem Orden die Inquisition, das Verfahren der Kirche gegen damalige Glaubensabweichler, das anfangs noch halbwegs human und fair, später aber jenseits jeglicher Rechtsnormen mit größter Grausamkeit durchgeführt wurde. Selbst innerhalb des eigenen Ordens wüteten die dominikanischen Inquisitoren und ließen so herausragende Mitbrüder wie den

Das Kircheninnere von St. Kajetan

großen Denker Giordano Bruno und den noch größeren Prediger Girolamo Savonarola grausam auf dem Scheiterhaufen als Ketzer hinrichten oder hängen. In Deutschland taten sich damals die beiden Dominikanermönche Jakob Sprenger und Heinrich Krämer besonders hervor. Sie berichteten nach Rom immer wieder von der „überschäumenden Sündhaftigkeit des Satans in deutschen Landen“. Dem Duo wird die Autorenschaft an dem dreibändigen Werk „Malles maleficarum“ zugeschrieben, dem berüchtigten „Hexenhammer“, der drei Jahrhunderte lang als detaillierte Anleitung für die grausame Folter Unschuldiger herhielt.

Der Bayern-Herzog Otto II., genannt „der Erlauchte“, schien offenbar angetan vom inquisitorischen Treiben des Ordens. Er ließ nach Einführung der Inquisition eigens Dominikaner als sogenannte Hexengeistliche ins Herzogtum holen. Die Geschichtsschreibung vermerkt allerdings, das sich die Dominikaner an Hexenprozessen in Bayern nicht beteiligt hätten. Den Dominikanern im eigenen Land schien der Herzog nicht zu trauen. Denn immerhin gab es seit 1229 den Orden in Bayern. Klöster etwa in Landshut, Eichstätt, Regensburg, Augsburg oder Nürnberg kamen zu Blüte und Ansehen.

Orden der Inquisition gewesen zu sein, dafür hatten die Dominikaner jedoch einen hohen Preis zu bezahlen. Nicht nur der Ruf des Ordens war ruiniert. Dominikaner zu sein, konnte auch den Tod bedeuten. So rächten im bayerischen Nachbarland Böhmen Anhänger des Kirchenreformers Jan Hus auf das Grausamste dessen Tod auf dem Scheiterhaufen beim Konzil in Konstanz am 06. Juli 1415. Hus hatte die weltliche Macht der Päpste verurteilt und allein Jesus Christus als Kirchenoberhaupt akzeptiert. Die Landsleute des Reformers töteten alle in Böhmen lebenden Dominikaner, 300 an der Zahl. Damit nicht genug: Die Böhmen machten danach in den sogenannten Hussitenkriegen den Menschen im Osten Bayerns das Leben zur Hölle, brandschatzten und mordeten.

Ein Dominikaner-Mönch war es auch, der beim Ex-Augustinermönch Martin Luther das Faß zum Überlaufen brachte. Johann Tetzel hatte mit seinem vom Papst genehmigten Ablasshandel – man konnte sich bei ihm von Sünden freikaufen – den Beginn der Reformation ausgelöst. Teztel hatte mit Sprüchen wie „Wenn das Geld im Kasten klingt, die Seele in den Himmel springt" – der Vorläufer-Slogan von Spürchen wie „Geiz ist geil" – Luther vor Zorn zum Schäumen gebracht. Bei alledem ging völlig unter, dass der Orden so Geistesgrößen wie Albertus Magnus, geboren im bayerisch-schwäbischen Lauingen, und Thomas von Aquin hervorbrachte. Deren Lehren sind heute noch wegweisend für die katholische Kirche.

In Bayern mehrten gelehrte Dominikaner als Philosophen und Theologen den Ruf der Universitäten Ingolstadt, Landshut und Würzburg. Obendrein waren sie berühmt für ihre gotischen und barocken Kirchenbauten in Eichstätt, Augsburg oder Landshut – was schon ein kleines Wunder war, denn als Bettelorden konnte man eigentlich keine großen Sprünge machen. All das änderte aber nichts daran, dass auch die Dominikaner Anfang des 19. Jahrhunderts unter die Räder der Säkularisation kamen und im Kurfürstentum Bayern regelrecht ausradiert wurden. Lediglich die Dominikanerinnen in Klöstern im Schwäbischen, darunter St. Ursula in Augsburg überstanden den Klostersturm, weil sie dringend benötigte Schulen unterhielten.

Und wenn es die Dominikanerinnen im Kloster Wörishofen nicht gegeben hätte, dann wäre ein gewisser Sebastian Kneipp vielleicht nicht so erfolgreich in der Krankenheilung geworden. Der zuweilen wiederborstige Kneipp war als Dorfkaplan in der Nähe von Augsburg wegen Kurpfuscherei – er hatte einer an Cholera erkrankten Magd eine Heißwasseranwendung verordnet – verurteilt und von der Diözese Augsburg ins Kloster als Beichtvater der Nonnen strafversetzt worden. Bei den Dominikanerinnen und später als Pfarrer von Wörishofen entwickelte er ab 1855 seine weltberühmten Wassertherapien, die das Kloster heute noch anbietet.

Noch einmal ließen die Dominikaner so richtig aufhorchen. Im „Wunschkonzert" und später in der Sendung „Schlager der Woche" des Bayerischen Rundfunks blieb es Moderator Fred Rauch Ende der 50er Jahre des vergangenen Jahrhunderts vorbehalten, ein einfaches Chanson der französischen Dominikanerin Sœr Sourire bundesweit zum Hit zu machen. Er spielte ihr „Dominique, -nique, -nique" solange rauf und runter, bis die gesungene Lebensgeschichte des Ordensgründers über Wochen die absolute Nummer Eins war.

Die Bettelmönche an der Luxusmeile

Die Dominikaner in der Münchner Theatinerkirche und ihr Mini-Kloster

Am Münchner U-Bahnhof „Odeonsplatz" führt eine Rolltreppe, wenn sie einmal nicht repariert wird, zum lieben Gott. Käme der Münchner Verkehrsverbund beispielsweise auf die Idee, den Treppenraum mit dem Kultsong „Stairway to heaven" der Rockgruppe „Led Zeppelin" zu beschallen, dann wäre das nicht nur ein Knaller, also ein ultracooles „City-Event", sondern hätte auch seine Berechtigung. Die letzten 20 Meter zum Herrgott muss man allerdings selber und ebenerdig gehen. Dann ist die Theatinerkirche erreicht. Dort wartet schon die nächste Überraschung: Mitten in der so weltlichen Highlife-Metropole München kann es vorkommen, dass einen stellvertretend für den Hausherren Mönche begrüßen. Es sind Dominikaner. Man kann sie die Zeremonienmeister und Wächter von St. Kajetan nennen, wie die Theatinerkirche eigentlich heißt.

St. Kajetan am „Stairway" ist ein Touristenmagnet. Die meisten Japaner oder US-Amerikaner halten das Gotteshaus von außen sowieso für eines dieser „marvellous King-Ludwig-Castles". Dass es hier Dominikaner gibt, wissen selbst die wenigsten Einheimischen. Das ist weiter kein Wunder, weil niemand an den protzig-lauten Einkaufs- und Flaniermeilen von Theatiner- und Briennerstraße mönchisch-strenges Leben vermutet. Und nach einem Kloster werden hier viele vergeblich suchen. Eingezwängt zwischen der mächtigen Barockkirche mit der Rokokofassade, die München an diesem Fleck so richtig italienisch macht, und den von ihrem Bauvolumen her pompösen Ministerien für Kultus und Wissenschaft, nur durch Brandmauern getrennt, findet sich das winzig kleine Kloster der Dominikaner. Fünf Patres leben, arbeiten und beten hier unter engsten räumlichen Verhältnissen. Jeder kleinste Beamte in den üppigen Ministeriumsbauten hat mehr Platz. Und überhaupt: Göttliche Botschaften aus der Kirche von nebenan für ein humanes und wirklich effi-

„Stairway to Heaven": Pater Christophe am U-Bahn-Aufgang zum Odeonsplatz

ISCHES INSTITUT MÜNCHEN
SCHÖNHEITSFARM

zientes Bildungswesen in Bayern scheinen, so wie's aussieht, nicht anzukommen. Die Brandmauern sind wahrscheinlich doch zu dick. Zurück ins Kloster: Die Enge mache nichts aus, man wolle und könne nicht in materiellem Luxus leben, sagt Pater Prior Christophe Holzer. Der 42-jährige gebürtige Berner führt das Mini-Kloster. Wie bei den Dominikanern üblich, müssen die Mönche darauf gefasst sein, nicht lange in einem Kloster bleiben zu können. Pater Christophe ist von seinen Ordensoberen mittlerweile wieder versetzt worden und tut jetzt in Rom Dienst.

Krasser können also Gegensätze nicht sein: Dort die absolute Luxuswelt, wie sie sich in dem benachbarten Edel-Quartier der berühmten „Fünf Höfe" und eine Ecke weiter im Dunstkreis des „Bayerischen Hofs" fast rund um die Uhr lustvoll offeriert, dort der ministeriale Apparat im Hamsterrad und hier das karge Sein der Mönche in der weißen Kutte. Aber genau das sei das Milieu, in dem sich Dominikaner „pudelwohl fühlen," strahlt der Prior und spricht sanft das merkwürdige Wort „entgottet" aus. „Bettelmönch in einer entgotteten Stadt zu sein, in einer Stadt, in der nicht mehr gebetet wird, ja, da kann ich mein Dominikanersein leben." Das sagt der Bettelmönch Christophe ganz freundlich, ohne dabei wie ein grimmiger Rachelengel auszuschauen. Nebenbei erwähnt der Prior, er sei ganz froh, dass einem hier nichts gehöre. Vermieter sei das Kultusministerium. Im begrünten Hof, auf den Hunderte von Staatsbeamte schauen, habe man eine kleine Fläche unter anderem zum Anbau von Kräutern für die Klosterküche. Und die Theatinerkirche sei sowieso Staatsbesitz. So müsse man keine teure Baulast tragen wie das andere Klöster tun müssten.

In St. Kajetan das Dasein als bettelarmer Dominikaner leben: Pater Christophe ist sowohl Theologe als auch Kirchenrechtler und steht nebenbei auf der Gehaltsliste der Erzdiözese München und Freising als Richter am Diözesan-Gericht, Schwerpunkt „Ehescheidungen". Pater Klaus, der von seinem Mitbruder Christophe nunmehr das Priorenamt übernommen hat, ist zugleich Kirchenrektor von St. Kajetan und Religionslehrer am Edith-Stein-Gymnasium im Stadtteil Haidhausen. Pater Amadeus wirkt, sein Name verrät's schon fast, als Chorleiter der wunderbaren Vokalkapelle in der Kirche. Pater Paul wiederum hat ganz besondere Schäfchen um sich: Er ist Tourismus-, Schausteller- und Zirkusseelsorger. Die kleine Mönchsgemeinschaft ist für die Menschen egal welcher Konfession oder Kultur in der Mitte der großen Stadt da. Die Theatinerkirche hat keine Pfarrgemeinde und die vermisst der Prior ein wenig. „Hier versammelt sich eben eine anonyme Gemeinde, aber das ist schon gut so." Ein solcher Ort wie St. Kajetan habe gerade deswegen seine Berechtigung in einer Großstadt.

Viel Wohnbevölkerung gibt es hier nicht, aber rundum viele bereits zerrissene Pfarrgemeinden. Die Formel ist so simpel wie brutal für die Amtskirche: Keine Priester, keine Gemeinde, kein Glaube. Der Prior und seine Mitbrüder begrüßen also von Messe zu Messe ein ständig wechselndes, ihnen fremdes Publikum. Macht nichts, sagen sich die Mönche, Hauptsache, die dominikanischen Spezialitäten passieren: Predigt und Seelsorge, genauer gesagt, City-Seelsorge, wie das programmmäßig heißt. Der sogenannte Tagesbeichtstuhl in der Theatinerkirche ist da der Renner. Die Mönche sind dabei oft nur Zuhörer für verzweifelte Menschen, ob Muslimin oder Atheist, ob Ministerialbeam-

Vielfältig sind die Aufgaben der Dominikanermönche von St. Kajetan: Viele gehen achtlos vorbei, aber wer Rat sucht, findet die Klosterpforte immer offen. – Die Patres „bewachen" auch die Grablege der Wittelsbacher. – Pater Paul ist u. a. Schaustellerseelsorger und hält auch mal eine Bergrmesse.

ter oder Stadtstreicher. „Im Gespräch sage ich dann: ‚Ja ich nehme Deine Schuld und das Dich Belastende an, ich spreche Dich los.' Das ist heilend für die Menschen." Pater Christophe und die anderen führen unzählig viele solcher Gespräche. Manche würden Gott suchen oder sich mit ihm aussöhnen wollen. „Ab und zu sprechen wir per Email weiter." Was aber eher selten sei, weil doch die Anonymität gewahrt bleiben solle.

Die zunehmende Armut macht auch den Dominikanern von St. Kajetan zu schaffen. Wer den Weg an die Klosterpforte findet und sein Leid klagt, bekommt zu essen und zu trinken. Vielleicht auch mal ein paar Euro. Hartz IV führt, wie der Prior berichtet, dazu, dass „Leute anrufen und zum Beispiel bitten: ‚Pater, ich kann meine Stromrechnung nicht mehr bezahlen. Helfen Sie mir.'" Er habe sich dann die Stromrechnung schicken lassen und sie beglichen. „Für mich ist aber wichtig, dass dabei die Würde des Menschen gewahrt bleibt." Als Bettelmönch, der sein Einkommen dem kleinen Kloster und dem Orden zur Verfügung stellt

Pater Günter Reitzi ist nicht nur Pfarrer von St. Katharina am Stadtrand Münchens, sondern auch Motorradfan und Clubmitglied beim „Ebersberger Sauhaufen".

und selbst nur ein paar Euro pro Monat hat, kann Pater Christophe keine großen Sprünge machen. Hilfe gibt's dennoch für jeden ohne Hoffnung. Verzweifelte Obdachlose bringen die Mönche zu einer Betreuungsstelle der Dominikanerinnen am Langwieder See im Westen der Stadt.

Seit 1954 sind die Dominikaner in der Theatinerkirche, die eigentlich ein Dankeschön in Stein an den lieben Gott ist. Kurfürst Ferdinand und Henriette Adelaide von Savoyen stifteten die Kirche aus Dankbarkeit über die Geburt ihres Sohnes und Thronfolgers Max Emmanuel am 11. Juli 1662, dessen späterer gnadenloser Ehrgeiz Bayern ruinierte und einen Volksaufstand zur Folge hatte, der in der „Sendlinger Mordweihnacht" so blutig endete. Das Gotteshaus ist letzte Ruhestätte des „blauen Kurfürsten", seiner Eltern sowie der Bayern-Könige Max Josef I., Max II. und des beliebten Kronprinzen Rupprecht von Bayern. Der Bettelorden kam auch auf Wunsch der Wittelsbacher nach St. Kajetan, die hier zwar nichts mehr zu sagen hatten aber doch auf eine gute Tradition von Dominikanern als Prediger bei Hofe verweisen konnten. Tradition ist es heute, dass die Mönche für die „königliche Familie" alljährlich im November ein Requiem halten. Und sollten sich pietätlose Touristen auf Trophäenjagd an den Sarkophagen der Wittelsbacher vergreifen wollen, dann bekommen sie es mit den Mönchen im weißen Habit zu tun.

Draußen am Rand der großen Stadt gibt es die Bettelmönche noch einmal. St. Katharina heißt die Pfarrei in einem Viertel, das schon eine Gegenwelt darstellt im Vergleich zum Luxusquartier „Fünf Höfe". Pater Günter Reitzi ist hier Pfarrer. Aber nicht nur hier hat er seine Schäfchen. Fans von Feuerstühlen werden wahrscheinlich aufhorchen, wenn sie von dem Dominikaner hören. Denn immer, wenn der Motorradclub „Ebersberger Sauhaufen" seine Treffen veranstaltet, die zu den größten im Gäu zählen, ist der Mönch dabei: Als Geistlicher, der, so das Lob der „Sauhaufen"-Verantwortlichen, „mit seinen kurzen, aber treffenden Predigten zu 100% den Nerv der Zuhörer trifft," und als bekennender und aktiver Fan heißer Öfen. Ob beim Motorradtreffen oder in der Theatinerkirche: Für Pater Christophe funktioniert das Dominikanersein überall. „Die Leute sollen uns als Menschen entdecken, die Zeit haben müssen, um die Probleme ihrer Mitmenschen zu hören." Im Stadtbild Münchens aber sind die Mönche nicht zu sehen. Die weiße Kutte bleibt meistens im Kloster, die Patres sind in Zivil unterwegs. Könnte ja sein, dass es heißt: „Hat der nichts zu tun?", wenn ein Mönch von St. Kajetan im Englischen Garten unterwegs ist. Außerdem wollen die Bettelmönche gewiss nicht mit dem Münchner Kindl verwechselt werden. Vorbild für den kleinen Kapuzenmönch war vielleicht ein deutlich feisterer Benediktiner ...

Priorat St. Kajetan der Dominikaner in München

Adresse:
Dominikanerkloster St. Kajetan (eigentlicher Patronatsname der Theatinerkirche), Theatinerstraße 22, 80333 München, Telefon 089/2106960,
Email: info@theatinerkirche.de,
Internet: www.theatinerkirche.de

Klostergründung:
1954.
Derzeitiger Prior: Pater Dr. Klaus Obermeier.

Tätigkeiten:
Seelsorge für Byker, Artisten, Schausteller und Touristen, Sozial- und Bildungsarbeit, u.a. lateinische Gottesdienste, Kirchenmusik (Vokalkapelle und Orgelmusik mit Konzerten im Jahreslauf), geistliche Betreuung der Königs- und Fürstengräber der Wittelsbacher in der Theatinerkirche.

Angebote der Dominikaner:
Regelmäßige Kirchenführungen, Dominikanische Laiengemeinschaft mit Jahresprogramm auch für Nichtmitglieder. Bedeutende Predigten. Gefragter Tagesbeichtstuhl für alle, die Trost suchen. Nähere Infos über Telefon oder im Internet (siehe unter Adresse). Immer sonntags 10.30 Uhr Lateinisches Hochamt.

Sehenswert:
Theatinerkirche im Stil des italienischen Spätbarocks, bedeutende Grablege der Wittelsbacher (Königs- und Fürstengruft).

Kein Leben für Warmduscher

Die Trappistenmönche schliefen früher in ihren Särgen und brauten die besten Biere

Kein ordentlicher Horrorfilm ohne dieses Bild: Kapuzenmann in Kutte, gesichtslos, glühende Augen, schweigend, das wandelnde Unheil. Star Wars-Produzent George Lucas hat die unheimliche Mönchsgestalt sogar zum „Darth Vader" befördert . Die Vorlagen für das kalte Grausen liefern Mönchsorden, deren Regeln für den hochzivilisierten Menschen unserer Tage die Hölle auf Erden sein müssen. Neben den Kartäusern mit ihrem ewigen Schweigegelübde sind das die „Zisterzienser der strengen Observanz", die sogenannten Trappisten. Ständig reden ist auch nicht ihr Ding und es wird über sie erzählt, sie schliefen weltabgewandt in ihren Särgen. Nonnen und Mönche leben jedenfalls bis heute zurückgezogen von der Außenwelt in materieller Einfachheit, nach dem Maßstab der postmodernen Außenwelt in tiefer Armut. Allein deshalb ist es schwer vorstellbar, dass Trappisten mit die besten Liköre, Schnäpse, Biere und Käse weit und breit machen. Leider stimmt die Geschichte nicht, dass Dom Perignon, der Erfinder des Champagners aus der Abtei „de Hautvillers" im Norden Frankreichs, auch ein Trappisten-Mönch war. Perignon hatte den moderateren Benediktinerorden vorgezogen. Nur noch vier Trappisten-Klöster gibt es im deutschsprachigen Raum, eines davon versteckt hinter Passau im oberösterreichischen Donautal: Die „Cella Angelorum", das 700 Jahre alte Stift Engelszell.

Wer sich wundert, warum es im Islam so viele Verästelungen und Abspaltungen gibt, der braucht sich nur einmal das Ordenswesen in der katholischen Kirche anzuschauen. Immer wieder traten in den Klöstern Reformer auf, die das gelebte Klosterleben des eigenen Ordens als zu lasch, zu weltlich und zu wenig gottbezogen ablehnten. So kehrten

Blick in das Innere der Stiftskirche von Engelszell

Trappisten, OCSO

OCSO = Ordo Cisterciensium Strictioris Observantiae = Orden der Zisterzienser der strengen Obervanz (*observantia* = lat. für: Beachtung).

Ordensgründung: 1664 im belgischen La Trappe (daher der Name Trappisten) als Abspaltung des Zisterzienserordens. Neben den Kartäusern strengster Orden in der katholischen Kirche.

Ordensgründer: der Franzose Armand Jean Le Bouthillier de Rancé.

Ordenstracht (lat. Habitus): weißes Gewand mit ledernem Zingulum (Gürtelbinde) und schwarzem Skapulier (= Schulterkleid) und weißer Kukulle (lateinisch für Tüte, hier Kapuze).

In Österreich nur ein Kloster des Ordens, in Deutschland drei (ein Männerkloster in Mariawald in der Eifel, zwei Frauenklöster in Dahlem in der Eifel bzw. in Dannenfels zwischen Kaiserslautern und Mainz).

Ende des ersten Jahrtausends französische Benediktiner aus dem Kloster Molésme ihren Mitbrüdern wegen angeblicher Missachtung der Ordensregeln den Rücken. Es entstand der Zisterzienser-Orden mit dem Stammkloster Cistercium (daher der Ordensname), dem heutigen Citeaux. Die Mönche hielten sich wieder exakt an das Regelwerk des heiligen Benedikt von Nursia als dem Vater des abendländischen Mönchstums: Die Suche nach Gottesnähe im Gebet, Verzicht auf weltliche Macht und auf Reichtum, dafür ein Dasein in Armut in der Gemeinschaft Gleicher und ein von harter körperlicher Arbeit geprägtes Leben. Also nichts für Warmduscher.

Bald hatte der neue Orden die „weichen" und verweltlichten Benediktiner in Rom als führender und beratender Orden verdrängt. In der katholischen Kirche sollten wieder Zucht und Ordnung nach geistlichen Prinzipien herrschen, nicht Korruption, Machtmissbrauch und der schnöde Mammon. Zuweilen stöhnte die Kirchenspitze, geleitet von solch strenger Ordenshand den harten Weg zurück zu Glauben und Gottesfurcht ohne Pomp und Prunk zu gehen. Im Vatikan kam Murren auf: päpstlicher als der Papst seien die. Doch die Zisterzienser legten noch einen Zahn zu: 1118 kam der legendäre Bernhard von Clairvaux, ein französischer Ritterssohn, ans Ruder und nahm gleich massiv Einfluss auf Papst und Kaiser. Der begnadete Redner rief etwa zum Zweiten Kreuzzug auf, musste aber dessen Ende als gewaltiges Desaster miterleben. Der berühmte Zisterzienser sorgte auch dafür, dass die Bewegung der Katharer, mönchisch lebende Abweichler vom katholischen Glauben, mit unbeschreiblicher Grausamkeit verfolgt und vernichtet wurde. Bernard wich auch von Benedikts Tradition ab, Klöster nur auf Anhöhen zu gründen. Der Franzose verordnete ausdrücklich bewaldete, sumpfige Täler als Standorte, damit die Mönche in entbehrungsreicher körperlicher Arbeit Gott näher kämen. Davon profitierte die Welt außerhalb der Klöster, da die Zisterzienser eine blühende Landwirtschaft in bis dahin unfruchtbare Gegenden brachten. Der Orden prägte auch die sakrale Architektur seiner Zeit. Die Mönche verschrieben sich der Gotik, ihre Kirchen mussten frei von schmückendem Beiwerk sein. Sie verlangten kahle Kathedralen. Kein buntes Kirchenfenster durfte die Konzentration aufs Gebet stören.

Geheimnisvolle Zeichensprache der schweigsamen Mönche: das Zeichen für „Gott", für „Arbeit" und für „Amt" (von links nach rechts)

Die Nonnen und Mönche des Ordens hielten das einfache Klosterleben lange durch, bis im 17. Jahrhundert der geistliche Eifer gehörig nachließ. Da tauchte wieder ein Franzose als erneuter Reformer – heute würde man sagen – als „Oberfundi" auf: Der adelige Armand Jean Le Bouthillier de Rancé, der 1662 zum Abt des Zisterzienserklosters La Trappe bestimmt worden war. Für ihn hatte sich der Orden ähnlich wie die Benediktiner vor 500 Jahren von den eigenen Grundsätzen weit entfernt. Er kündigte eine derart radikale Abkehr vom bisherigen Klosterleben an, dass einige seiner Mitbrüder Mordpläne schmiedeten. Die Rebellen fand er mit gut dotierten Pensionen ab. Der Volksmund nannte die verbliebenen Mönche bald „Trappisten", nach dem Ort des Klosters. Bald darauf trennten sich die Trappisten endgültig von den Zisterziensern. Der Vatikan gab dem neuen Orden den sperrigen Namen „Zisterzienser der strengen Observanz" (lateinisch *observare* = beachten).

Damals wie heute war dieser Orden kaum in die gängige christliche Vorstellungswelt des Abendlandes einzuordnen, eher schon in das frühchristliche Einsiedler- und Mönchtum des Orients. Damals wie heute läuft das Tagwerk der Trappisten so ab: Aufstehen vor Sonnenaufgang gegen 3:30 Uhr, dann im Wechsel Chorgebet in der Kirche, Meditation oder Lesen in geistlichen Büchern, fünf und mehr Stunden körperliche Arbeit. Sieben Mal täglich treffen sich die Mönche zum gemeinsamen Gebet. Sonst herrscht Schweigsamkeit. Eine bis heute teilweise gültige, eigene Zeichensprache ersetzte das Reden. Neben gänzlicher Besitzlosigkeit verfügte der Ordensgründer vegetarisches Essen, also kein Fleisch, anfänglich auch weder Fisch noch Eier noch Milchspeisen. Normalerweise endet nach 16 Stunden der Tag der Trappisten um 19:30 Uhr mit der Komplet, dem gebeteten Tagesabschluss. Kontakt zur Außenwelt durch Bildungsarbeit oder Seelsorge wurde dem Orden untersagt.

23 Mönche gründeten nach dem Zweiten Weltkrieg das Trappisten-Kloster Engelszell neu.

Das mit dem Schlafen auf Stroh im eigenen Sarg gab's in einigen Klöstern tatsächlich. Auch für ein paar Minuten abends an der Herstellung des eigenen Grabes zu arbeiten, stand anfangs in einigen Trappisten-Klöstern gewissermaßen in der Hausordnung. Es gibt noch Trappistenklöster, auf deren Friedhöfen stets ein Grab als Mahnung an die Nähe des Todes offen bleibt. Die immerwährende Erinnerung an die eigene Vergänglichkeit durchbrach da und dort sogar kurz die Schweigsamkeit: „Memento mori!" (lateinisch = Gedenke des Todes!) lautete der gegenseitige tägliche Gruß zur Nacht. Wozu das alles? fragte sich damals schon die Welt. 2001 antwortete Papst Johannes Paul II. bei einer Audienz für den Orden: „Sie sind deshalb allein und von der Welt getrennt, um auf dem Pfad der göttlichen Vertrautheit weiter vorzudringen." Das heißt: Durch das karge einfache Leben, unbelastet von Druck und Zwängen der Welt draußen, der Zivilisation, sollen Trappisten im Gebet tiefer als jeder andere Mensch in sich hineinhören und sich schließlich in sich versenken können zur noch weiteren Öffnung von Bewusstsein, Herz und Seele. Dabei ohne Drogen und sonstige Hilfsmittel, nur durch sich und das Gebet voranzukommen, immer mehr zu sehen und zu empfinden, dies alles soll jedem Ordensangehörigen zuteil werden auf der Suche nach Gott.

Schwer zu begreifen, dass solche Mönche und später auch Nonnen den Mächtigen der Außenwelt ein Dorn im Auge waren. Zur Zeit der Französischen Revolution wurden Trappisten in die Schweiz, nach Deutschland und bis nach Russland gejagt. Deutsche Trappisten, die von den Franzosen aus einem elsässischen Kloster vertrieben wurden, pachteten 1920 von den Wittelsbachern die aufgelassene Benediktinerabtei Kloster Banz im Oberfränkischen, wo heute die CSU mit Partei-Exerzitien versucht, das Personal auf Linie zu halten. Nach nur fünf Jahren zogen die Mönche um in das ehemalige Zisterzienserkloster Engelszell im oberösterreichischen Innviertel, 25 Kilometer hinter Passau. Das Kloster war eine knapp 700 Jahre alte Gründung der Passauer Fürstbischöfe und eine Ruine. Die fleißigen Mönche bauten rund um die wunderschöne Rokoko-Kirche ein blühendes Kloster mit einem 73-köpfigen Konvent (= Mönchsgemeinschaft) auf, bis das Schreckensjahr 1939 kam: Die Nazis erklärten ausgerechnet die schweigsamen Trappisten von Engelszell zum „militanten Arm der katholischen Kirche. Sie müssen ... vernichtet werden," so die Gestapo in einer geheimen Anweisung. Der Abt kam ins Gefängnis und wurde später des Landes verwiesen, vier zwangsrekrutierte Mönche fielen im Krieg, fünf weitere kamen ins KZ nach Dachau, vier starben dort.

Gerade einmal 23 Häupter zählte die kleine Schar, die sich nach Kriegsende aus allen Windrichtungen kommend in Engelszell wieder schweigend zusammenfand. Auf acht Mönche ist die Gemeinschaft heute zusammengeschrumpft. Der amtierende Abt Marianus Hauseder sagt dazu: „Der Herr weiß um unsere Not an Berufungen. Er spricht Menschen an, er beruft." Da scheint etwas dran zu sein, denn der Tourismus zum Kloster nimmt sprunghaft zu. Nur die schöne Kirche, der gute Käse, die kräftigen Schnäpse und Liköre nach Rezepten, über die die Mönche erst recht kein Wort verlieren, können nicht der alleinige Grund sein. Denn das Donautal zwischen Passau und Melk ist gesegnet mit ähnlichem Augen- und Gaumenschmaus. In der Kirche hängt ein Transparent, auf dem steht: „Wir beten für Sie!" Vielleicht ist es das.

Das Deckenfresko der Kirche wurde von Fritz Fröhlich 1957 neu gestaltet (Bild rechts).

Und keiner bleibt

Das strenge Leben der Trappisten von Engelszell wird zur Touristenattraktion

„Wir kriegen die Türe nicht mehr zu," sagt der Abt und er weiß nicht so recht, ob das ein guter Zustand ist. Vielleicht war es doch ein kleiner Sündenfall, als 1994 dies passierte: Das Land Oberösterreich machte eine Landesaustellung über die Donau und ausgerechnet im selben Jahr wurde das von den Passauer Fürstbischöfen gestiftete Kloster Engelszell 700 Jahre alt. Wie es sich damals halt so fügte, war auch noch der Trappistenorden vor 70 Jahren ins Kloster eingezogen. Daraufhin öffneten die Mönche für eine Sonderschau über ihr Kloster besagte Türe, ein klein wenig, nur ein paar Monate lang sollte sie offen sein. Doch sie wurde aufgedrückt von der Außenwelt und geht seither nicht mehr zu.

Von außen betrachtet, sind die Trappistenmönche von Engelszell Wesen, die ins falsche Jahrhundert gebeamt worden sind. Im 3. Jahrtausend mitten im neuliberalen,

gierigen Europa ein Leben lang Tag für Tag vor Sonnenaufgang aufstehen, ständig beten und kein Fleisch essen – solche Zeitgenossen erlebt der postmoderne Mensch eigentlich nur auf Pauschalreisen ins Hinterindische, vielleicht bei den Gurus oder bei der Trekkingtour in der Bergwelt Nepals im buddhistischen Kloster, oder bei Umberto Eco in „Der Name der Rose." Und dann der absolute Frontalcrash: Die Schweigsamkeit der Mönche in einer 24-Stunden-Medienwelt, in der so oft nur seicht gequatscht und Lärm gemacht wird. Abt Marianus Hauseder und seine sieben Mitbrüder kennen solche Reaktionen. Sie wundern sich nicht, wenn jemand, der durch das 1994 entstandene Guckloch einen kurzen Blick in dieses Klosterleben wirft, entweder einen Kulturschock erleidet oder magisch angezogen wird. Ganz wenige werfen den Blick ausschließlich auf die feinen Liköre und Schnäpse, die von den Trappisten nach alten Rezepturen hergestellt im Klosterladen angeboten werden. Auch das freut die Mönche, denn ihre materielle Existenz müssen sie ausschließlich durch ihrer eigenen Hände Arbeit erwirtschaften.

Der Abt, ein gebürtiger Oberösterreicher, der auch weiß, dass sein Kloster auf ehemals bayerischen Landen steht, erklärt sich die allmählich wachsende Faszination des einzigen Trappistenklosters weit und breit so: In der Außenwelt ist nach einer Periode des Auslebens von Genuss und Spaß das Bedürfnis nach Tieferem und Bleibenderem erwacht – Motto: „Diese ganze Gaudi kann nicht alles gewesen sein". Wer in den Kirchen Europas im Moment Antworten oder Wegweisungen sucht, der hat Pech, weil dort über Jahre hinweg das religiöse Leben rationalisiert worden ist. Da sei kein Platz mehr gewesen für das Spirituelle (von La-

teinisch: *spiritus* = Geist, Hauch), also das Geistliche, das Bewusstsein und Wahrnehmung erweitert – wie wenn man den Kopf hebt, um mehr zu sehen. Und schon gar keinen Platz hätte es mehr für die Mystik (lateinisch und griechisch für „geheimnisvoll, Augen und Lippen schließend") gegeben, die Fähigkeit zu Erlebnissen, die außerhalb des normalen Erkennens liegen frei nach Udo Lindenbergs Song: „Hinterm Horizont geht's weiter." Den Platz hätten fernöstliche Riten oder esoterischer Wunderglaube bei guter Vermarktung eingenommen. Abt Marianus hält es für einen großen Fehler, dass an den kirchlichen Hochschulen das Fach „Spiritualität und Mystik" für längere Zeit aus den Lehrplänen gestrichen worden sei.

Zwei Welten: Das Sich-Versenken im Gebet und das Darbieten der Spezialitäten im Klosterladen

Die Trappisten, die ja ordnungsgemäß „Zisterzienser der strengen Observanz" heißen, sich also der genauen Beachtung der Ordensregeln verpflichtet haben, sind wie alle Klosterleute auf Gottsuche. In Engelszell wird jedoch nach einem strengeren Regelwerk gebetet und gearbeitet als in anderen Orden. Darauf haben sich alle Mönche freiwillig eingelassen. Es beginnt mit einem straff geführten täglichen Leben, einem 16 Stunden-Tag, der einiges abverlangt. Das verordnete Nichtreden empfinden die Engelszeller Mönche nicht als eisiges Schweigen. Für sie wird dadurch eine Atmosphäre der Stille geschaffen. Die Stille in der Gemeinschaft, das haben sie ihr Mönchsleben lang erfahren, tut bei der Gottsuche genauso gut wie einfaches, gesundes Essen ohne Fleisch. Ein feines Engelszeller Trappisten-Schnapserl danach, das hat der liebe Gott nicht verboten.

Und dann kommen lärmend die Touristen, oft 300 auf einen Schlag, wenn die Schiffe aus Linz oder Passau unten am Donauufer festmachen. Das muss ausgerechnet diesen Mönchen passieren, die sich doch der Gottesliebe durch Kontemplation (lateinisch *contemplatio*: Anschauung, Betrachtung) verschrieben haben und das bedeutet Vertiefung in sich selbst mittels Ruhe und durch eben diese beschriebene Stille. Von den Reiseveranstaltern haben sich die Mönche dazu breitschlagen lassen, die Gäste selbst durch Kirche und Kloster zu führen. Ziviles Personal war abgelehnt worden. Authentisch soll's halt sein. Im Gegenzug erreichten Abt Marianus und seine Mitbrüder, dass es in Engelszell nur Führungen nach Anmeldung gibt. Fast 250 werden es jährlich, mit gut 16.000 Menschen. Eigentlich zuviel. Und doch wieder nicht. Der Abt hatte nämlich schnell erkannt, dass sich bei den Führungen – übrigens vorbei an gläsernen Särgen mit den in kostbare Gewänder gehüllten Skeletten von römischen Katakombenheiligen – gut verpackt Worte der Verkündigung unterbringen lassen.

Die Sache bleibt zweischneidig. Denn es ist nicht der Touristenandrang allein, der auf den Lebensnerv des Klosters drückt. Da ist noch das Nachwuchsproblem, von dem die Trappisten wie jeder Orden auch betroffen sind, obwohl junge Leute eher zu „harten Orden" wie den Trappisten gehen – im Sinne von: Wenn schon, denn schon. So wurde 2004 in der „gottlosesten Diözese der Welt", im Raum Pilsen in der Tschechischen Republik ein Trappistenkloster gegründet mit jungen Mönchen aus halb Europa. Und in Engelszell? Abt Marianus Hauseder klingt angesäuert, wenn er sagt: „Alle wollen ins Kloster hineinschauen, aber keiner bleibt." Es wächst tatsächlich kaum etwas nach. Da ist zum Beispiel der Journalist, der nach seiner Gottes- und Lebenssinnsuche in allen wesentlichen Religionen ins Kloster eintrat, sich aber nicht binden wollte. Oder der Motorrad-Freak, der nach einer schweren Krise fünf Jahre in Engelszell war und dank der mönchischen Hilfe in seinem Leben wieder Fuß fassen konnte.

Wird es den Mönchen gelingen, die 1994 geöffneten Tore ihres Klosters wieder zu schließen?

Der Abt findet schnell seine bewundernswerte Milde und Gelassenheit wieder: „Nicht ich bin der Chef des Klosters, sondern Christus. Und Maria ist unsere gute Hausmutter. Wenn die wollen, dass weiterhin hier für die Menschen gebetet wird, dann werden sie auch dafür sorgen, dass wieder welche kommen und auch bleiben." Da gibt es aber noch so eine Prüfung für die Mönche im Donautal. Obwohl die Trappisten als kontemplativer Orden Bildungs- und Sozialarbeit sowie Pfarrseelsorge eigentlich ablehnen, konnten die Trappisten nicht mit ansehen, wie die Pfarrgemeinden wegen Priestermangels rund um das Kloster langsam auseinanderbrachen. Seitdem versehen die Mönche in ihren weißen Kutten mit dem schwarzen Überwurf wenigstens Gottesdienste in den verwaisten Gemeinden.

Touristen, Nachwuchsmangel, Not in den Pfarrgemeinden: Die Öffnung nach außen sorgt bei den „Zisterziensern von der strengen Observanz" für Zerreißproben im Kloster. Es sieht so aus, als würden die frommen Mönche ihre Unschuld an eine Welt verlieren, die gierig nach dieser exotischen

Einmaligkeit der Engelszeller Trappisten verlangt. Und schon ertappt man sich bei dem Gedanken, dem Abt und seinen Mitbrüdern die Kraft zu wünschen, die sie brauchen, um die 1994 geöffnete Türe wieder schließen zu können.

Trappistenkloster Stift Engelszell an der Donau

Adresse:
Engelszell, Stiftstraße 6, A-4090 Engelhartszell, Österreich, Tel.: 0043(7717)80100, Email: pforte@stift-engelszell.at; Internet: www.stift-engelszell.at.

Klostergründung:
12. März 1293 als Zisterzienserabtei durch den Passauer Bischof Wernhart von Prambach.
Derzeitiger Abt: Abt Marianus Hauseder.

Anfahrt:
B 130 (entlang der Donau) von Passau (25 Kilometer) bzw. Linz, per Bahn bis Passau, Weiterfahrt mit dem Bus (Regionalbus Ostbayern), mit dem Schiff von Passau oder Linz.

Tätigkeiten:
eher zurückgezogenes Leben im Gebet, vertretungsweise Gottesdienst in verschiedenen Pfarreien, Landwirtschaft, Spirituosenherstellung, Fremdenführung.

Angebote der Engelszeller Trappisten:
Gebetsdienst der Mönche für alle, die nicht mehr beten können. Führungen (nur nach Voranmeldung unter Tel. +43-7717-80100 - Fax: +43-7717-801017, e-Mail: pforte@stift-engelszell.at) für Gruppen ab 10 Personen, in 2 Varianten: Kleine Führung (Stiftskirche, Dauer ca. ½ Stunde, Preis für Erwachsene 1,50 Euro); große Führung (Stiftskirche, Dauerausstellung und Kapitelsaal im Kloster sowie kurze Tonbildschau; Gesamtdauer ca. 1 Stunde; für Erwachsene 2,30 Euro), Schüler und Studenten zahlen die Hälfte. Im Preis inbegriffen Likörprobe an der Pforte. Führungen nur in der Zeit von 8 bis 11.30 (sonntags 9 bis 10.30) und 13 bis 17 Uhr.

Klosterladen an der Stiftspforte, täglich (außer 8. und 25. Dezember) von 8 bis 17 Uhr geöffnet. Angebot: Liköre und Käse aus der Klosterproduktion, religiöse Literatur, sakrale Geschenkartikel, Zierkerzen, Ansichtskarten, Briefmarkenraritäten.

Sehenswert:
Herrlich im Donautal gelegene Abteikirche, einzige Rokokokirche Österreichs, u.a. mit prächtig ausgestatten Katakombenheiligen in Glassärgen, modernes Deckenfresko.

Gastronomisches und touristisches Angebot: Gasthäuser, Pensionen und Hotels unter Information: Tel. 0043-7717-8055-16,
Email: karin.wundsam@engelhartszell.ooe.gv.at,
Internet: www.engelhartszell.at .
Lage an der Nibelungenstraße und am internationalen Donauradweg an beiden Ufern (Fähre für Radfahrer und Fußgänger vom und zum nördlichen - bayerischen - Donauufer). Für Wanderer 60 Kilometer markierte Wege, etwa im Naturschutzgebiet „Tal des Kleinen Kößlbachs", und auf dem „Schmugglerweg". Ausflugsschiffverkehr ab Passau und Linz (Fahrpläne siehe www.engelhartszell.at).Freibad, Tennisplätze und Campingplatz. „Forellenzirkus" im Mühlenmuseum (tägl. 10-12 und 14-18 Uhr),

Donaukraftwerk Jochenstein mit dem „Haus am Strom" (Café und informative Ausstellung zum Naturraum der Donau, tägl. außer Montag; Tel. (0049)-(0)8591-912890; Homepage www.hausamstrom.de). Natur- und Sportareal Schlögener Donauschlinge, ca. 15 Kilometer donauabwärts. Baumkronenweg (Waldspaziergang in luftiger Höhe, ca. 2,5 Stunden) in der nahen Gemeinde Kopfing Tel. 0043-664-4055578).

Speziell für Kinder:
Erlebniswelt „Donaugeschichten" im Gemeindezentrum Engelhartszell.

Unter Dauer-Verdacht

Die Jesuiten und ihr Leben mit den Vorurteilen dieser Welt

Der Anschlag auf das World Trade Center in New York am 11.09.2001 war noch keine 24 Stunden alt, da kamen schon die Verschwörungsgeschichten auf: Nicht muslimische Al Qaida-Terroristen seien das gewesen. Ganz anders: Eine Allianz aus uralten Geheimbünden habe zugeschlagen – angeblich wie schon so oft seit Bestehen des christlichen Abendlandes. Verschwörer, die in göttlichem Auftrag die verderbte Zivilisation des Okzidents ausradieren und das Kommen des Herrn vorbereiten würden. Schaudernd wurde auf die üblichen Verdächtigen gezeigt: Templer, Freimaurer, schwarze Logen, Illuminaten, Erlöser-Sekten. Nun gibt es einen ganz offiziellen Orden, der aus seiner Geschichte heraus weiß, wie das ist, bei jedem Umsturz und jeder Katastrophe durch Menschenhand sofort unter Verschwörungsverdacht zu geraten: Die Jesuiten, die Societas Jesu (SJ).

Eigentlich kennen alle, die von den Jesuiten wissen, eine eigene Geschichte über den geheimnisumwitterten Orden. Meistens handelt sie von Menschen, die angeblich Jesuiten-Zöglinge waren: Zum Beispiel der ewige deutsche Schwiegersohn Günter Jauch oder die TV-Nervensäge Stefan Raab. Stimmt übrigens, erstaunlicherweise selbst bei Letzterem. Oder Heiner Geißler und Alfred Hitchcock. Stimmt auch. Oder Oskar Lafontaine. Stimmt nicht. Der härtere Tobak: Die SS des Heinrich Himmler sei nach dem Organisationsschema der Jesuiten aufgebaut worden, US-Jesuiten hätten dem katholischen Präsidenten Kennedy Atombombeneinsatz im Vietnam-Krieg empfohlen und: Jede Papstwahl stehe unter massivem Jesuiten-Einfluss. Stimmt alles nicht, sagen Jesuiten entnervt und versuchen inzwischen auf ihrer Internetseite unter der Extra-Rubrik „Klischees“ mit all den Vorurteilen aufzuräumen.

Vieles ist diesem Orden in seiner fast 500jährigen Geschichte seit der Gründung 1540 schon angehängt worden, was zumeist daran

Relief des Ordensgründers am Ignatius-Haus in München-Schwabing. – Herzlicher Empfang in der Jesuiten-Zentrale ist sicher (Bild links).

lag, dass die „Gesellschaft Jesu“ vielen Menschen von Anfang an unheimlich vorkam. Unheimlich war allein schon die Ansammlung von Wissen. Der von militärischer Erziehung geprägte spanische Ordensgründer Ignatius von Loyola wusste auch, warum: Sein Gegenspieler war das revolutionäre Superhirn dieser Zeit, der begnadete Theologe

Jesuiten, SJ

SJ = Societas Jesu = Gesellschaft Jesu

Ordensgründung 1540 in Rom.
Ordensgründer: der Spanier Ignatius von Loyola.
Ordenstracht (lat. Habitus): keine., nur Priesterkleidung bei Gottesdiensten.

Keine Klöster.
Mit rund 20.000 Mitgliedern weltweit größter katholischer Orden.
Bestehen der Deutschen Provinz seit 2004.

Die Hochschule für Philosophie in der Kaulbachstraße in München

und Reformer Martin Luther, der 1517 die Kirchenspaltung eingeleitet hatte. Wer dem ehemaligen Augustinermönch und seinen Anhängern gewachsen sein wollte, musste viel Hirnschmalz mitbringen. Loyola setzte daher von Anfang an auf außerordentliche Fähigkeiten, bestmögliche Ausbildung und straffe Organisation.

So kam es, dass sich eine geistige und geistliche Elite herausbildete, die bis heute nur dem Papst gegenüber das Gehorsamsgelübde ablegt und deren oberster Boss „Pater General" heißt. Keinem Kardinal oder Bischof irgendeines Landes leisteten die Jesuiten je Gefolgschaft. Sie bauten keine Klöster und verzichteten auf die Kutte. Seit Gründung leben die Ordensbrüder in Wohngemeinschaften, die sie Kommunitäten nennen. Sie ignorieren Ländergrenzen, jeder von ihnen ist ortsungebunden und daher enorm mobil. Für Rom zog der Orden in den Kampf gegen die Protestanten und stand an der Spitze der Gegenreformation. Bald sprach sich in ganz Europa herum, was für „Intelligenzbolzen" sich da unter dem Kürzel SJ versammelt hatten.

Die Herrscher Europas wollten selbstverständlich von diesen Neuen profitieren, die da so flink und unkompliziert im Kopf waren. Denn anwendbares Wissen ist bekanntlich Macht. Neben der Verteidigung des katholischen Glaubens hatten es sich die Jesuiten zur Aufgabe gemacht, Menschen ohne Ansehen des Standes eine ordentliche Ausbildung zu verpassen, die Begabten unter ihre Fittiche zu nehmen und zu fördern. SJ-Zöglinge sollten topfit auf möglichst allen Gebieten, insbesondere der Philosophie und der Theologie, sein. Sie wurden debattenfest gemacht gegen Revoluzzer und Aufrührer.

Die braven bayerischen Wittelsbacher, die gegen die Lutherischen so treu auf katholischer Linie geblieben waren, wurden dafür belohnt – mit Jesuiten. Ab 1549 schickte Rom ins kleine bayerische Herzogtum und später ins Kurfürstenland gelehrte Männer, die – misstrauisch beäugt vom bis dahin für Schulbildung zuständigen Benediktinerorden – schnell und flächendeckend ein kostenloses Schulsystem von höchster Qualität für Arm und Reich installierten. Damit zog der Orden auch eine Elite für Spitzenposten in Staat und Kirche heran. Derart geistig in Form gebracht und unendlich dankbar für die erzieherische Wohltat, rührte gewiss keiner an den Machtverhältnissen in weiß-blauen Landen. Das war der Hintersinn der guten Tat. Die Jesuiten hatten sich in Bayern nach und nach das Monopol für das gesamte höhere Bildungswesen gesichert, alle Gymnasien hörten auf SJ-Kommando. Loyolas Jünger gaben obendrein den Ton in den Geisteswissenschaften an. Die damalige Landesuniversität Ingolstadt war bald in Ordenshand.

Damit nicht genug: Die schönen Künste, das Theaterspiel und sogar die Kirchenarchitektur in Bayern waren jesuitisch geprägt. Aus tiefer Dankbarkeit stiftete schließlich Herzog Wilhelm V., genannt der Fromme, seinen Jesuiten die Michaelskirche und ein Kolleg in der heutigen Münchner Fußgängerzone, wo er sich auch begraben ließ. Für die riesige Baufläche von Kirche und dem anschließenden gewaltigen Jesuitenkolleg ließ der Herzog damals 6 Prozent der Bürgerhäuser in der inneren Stadt abreißen. Das war nicht unbedingt der perfekte, Sympathie schaffende Einstand des Ordens bei den Münchnern. Auch wie die Jesuiten die Residenzstadt einschätzten, war nicht gerade nett. Der Geist wohne in Nürnberg, hieß es damals ordensintern, das Geld säße in

Die Jesuitenkirche St. Michael in der Münchner Fußgängerzone

Augsburg – und München? „Ein Kind des schönen Scheins."

Überdies wurde das lebenslustige Bayernvolk von so mancher jesuitischen Merkwürdigkeit heftig erschreckt. Zum Beispiel durch den hoch gelehrten Pater Jakob Balde, den sie den „deutschen Horaz" nannten, weil er so wunderbar in Neulatein dichten konnte. Dieser Pater hatte die Statur eines Karl Valentin, kein Gramm Fett, dürr wie der Boandlkramer. Der schmale Balde also gründete im kugelrunden, barock-feisten Bayernland allen Ernstes die „Gesellschaft der Mageren" und zog gegen Völlerei und Übergewicht zu Felde. Durchgesetzt hat er sich damals nicht bei den höchst pfundigen Landesherren und auch heute nicht, wie man allenthalben so sieht. Durch den schmalen „Balde-Platz" ist er trotzdem in der Münchner Stadt verewigt.

Jesuiten hatten großen Einfluss in Bayern und damit auch Macht, viel Macht. Die Schattenseiten: Die Ordensleute diktierten im Herzogtum als graue Eminenzen geschickt den Verlauf vieler schauerlicher Hexenprozesse. Dabei ließ die Rechtssprechung regelrechte Massaker anrichten, so 1629 nach dem Hexenprozess im Markt Reichertshausen im heutigen Kreis Pfaffenhofen/Ilm. 13 Menschen wurden bestialisch hingerichtet, weil sie sich laut Urteil unter anderem des Wettermachens, des Reitens auf Tieren, des Fluges durch die Luft oder des Besuchs verrufener Orte schuldig gemacht hatten. Historiker weisen hierbei den prägenden jesuitischen Einfluss zum Beispiel in den Verhörprotokollen nach. Nicht der Hexen-Aberglaube, sondern der ausgeprägte Machtinstinkt des Ordens gab die Richtung an. Der „Hexen"-Verteidiger und Jesuit Friedrich Spee kritisierte damals seine Mitbrüder auf das schärfste, was ihn beinahe die Ordensmitgliedschaft gekostet hätte.

Aber auch der Orden selbst war vor Verfolgung nicht sicher. Im 17. Jahrhundert versuchten die Jesuiten in Südamerika Indios in festen Dörfern zu sammeln, ein christliches Sozialsystem einzuführen und sie so vor der spanischen Ausbeutung zu schützen. In Paraguay entstand wirtschaftlich florierend der legendäre „Jesuitenstaat", der schnell den Zorn der Großgrundbesitzer auf sich zog. Folge: Die Ordensleute wurden vertrieben. In Europa hatte sich der Orden durch seinen perfekten Nachrichtendienst und das angehäufte Wissen allmählich bei den Herrschenden unbeliebt gemacht. Papst Clemens XIV. musste das ausbaden: Er verbot den Orden 1773. Davor hatte der Papst die Jesuiten angefleht, zur eigenen Rettung doch wenigstens die Ordensverfassung zu ändern. Ziemlich arrogant, aber höchst feinsinnig beschieden ihm die Jesuiten: „Sint ut sunt, aut non sint = Sie sind, wie sie sind, oder sie sind nicht." Und danach waren sie nicht mehr. Auch nicht mehr in Bayern. 1776 hob Kurfürst Maximilian III. Joseph den Orden auf.

Wer unter Europas Mächtigen damals glaubte, das Jesuiten-Problem gelöst zu haben, hatte die Vision des Francisco de Borja, des dritten Jesuiten-Generals in der Ordensgeschichte, nicht beachtet oder gering geschätzt: „Wie Lämmer haben wir uns eingeschlichen, wie Wölfe regieren wir, wie Hunde wird man uns vertreiben, aber wie Adler werden wir wiederkommen." Und sie kamen wieder. Im Frühling 1814 holte Papst Pius VII. die Jesuiten zurück. Keine 60 Jahre später neuer Ärger: Diesmal mit keinem geringeren als dem protestantischen Reichskanzler Otto von Bismarck, der gegen die

Verkündung der Unfehlbarkeit des Papstes 1870 und gegen die Stärkung der katholischen Zentrumspartei im Lande wetterte. Für Bismarck steckte hinter alledem der Jesuitenorden, den er 1872 per Gesetz des Landes verwies. Erst 1917 wurde das Gesetz wieder aufgehoben. Noch gründlicher waren die Schweizer, die zwischen 1848 und 1973 sogar in ihrer Verfassung den Orden verboten hatten.

Für die Nazis schließlich waren die Jesuiten neben Juden und Freimaurern „Verschwörer und Volksschädlinge". Aber ausgerechnet Gestapo und SS bewunderten insgeheim den Orden wegen seiner perfekten Organisation und der äußerst effizienten Informationsbeschaffung. In einem vom „Reichsführer SS" Heinrich Himmler in Auftrag gegebenen, „geheimen Leitheft über den Jesuitenorden" ist vom „weißen und vom schwarzen Papst", dem Jesuiten-General als Gegenspieler des Pontifex die Rede. Das änderte nichts daran, dass Hitler die Jesuiten gnadenlos verfolgen, foltern und auch ermorden ließ. So den Pater Alfred Delp, der als Mitglied des Widerstandes hingerichtet wurde. Oder den in Bayern heute noch legendären Pater Rupert Mayer, den das braune Terror-Regime wegen seiner mutigen Predigten („Es kann jemand nicht Christ und Nazianhänger zugleich sein!") ins Gefängnis warf und später durch Einzelhaft im KZ Sachsenhausen folterte. Der todkranke Jesuit wurde ins Kloster Ettal „verbannt", bekam Predigt-Verbot, das der Münchner Kardinal Faulhaber nach dem Geschmack vieler Kritiker eher als Befehlsempfänger denn als Verhandlungspartner der Nazis schnell erließ. Indes: Der tapfere, von Papst Johannes Paul II. 1987 selig gesprochene Pater hielt sich natürlich nicht daran und predigte weiter.

Der selige Pater Rupert Mayer SJ als Häftling Nr. 9169 im Gefängnis von Landsberg am Lech (Aufnahme vom 17. Januar 1938)

Ausgerechnet dieses München, die Hauptstadt der braunen Bewegung, wo ihnen doch so zugesetzt wurde, wählten die Jesuiten nach dem Krieg zunächst zum Sitz ihrer sogenannten oberdeutschen (= süddeutschen) Provinz. Seit 2004 wird von München aus die gesamte deutsche Provinz gelenkt. Dazu gehört auch Dänemark und Schweden. Von einem unscheinbaren Haus in Schwabing aus, dessen gräuliche Waschbeton-Fassade nichts mit der jesuitischen Baukunst zu tun haben kann, werden die Fäden gezogen für die heutige Jesuiten-Arbeit, deren Themen immer noch die selben sind wie zu Loyolas Zeiten vor fast 500 Jahren: Jugend, Bildung, Exerzitien, Kommunikation, Sozialarbeit, Seelsorge und Mission, einzeln oder in Gruppen, in Zivil, extrem mobil und mittlerweile auch nicht ohne Humor. Als Beweis dafür ein derber Witz von der Internet-Seite der Jesuiten: „Ein Schiff geht unter. Ein Franziskaner, ein Benediktiner und ein Jesuit kommen zunächst schwimmend davon. Der Franziskaner und der Benediktiner aber werden bald von Haien gefressen, der Jesuit nicht. Fragt der Jesuit einen der Haie: ‚Warum nicht auch ich?' Darauf der Hai: ‚Respekt unter Kollegen!'"

Der Teufel und die Schlauen Jungs

Von München aus lenken die Jesuiten ein Imperium des Wissens und der Hilfe

Die Empörung unter braven Katholiken war groß: „Man betet doch nicht vor einem Bildschirm", schimpfte das konservative Kirchenvolk landauf, landab. Passiert war eigentlich nicht allzu viel: Die deutschen Jesuiten hatten im August 2003 lediglich einen Online-Gebetsraum auf Ihrer Internet-Seite eingerichtet (http://www.jesuiten.org/seelsorge/index.htm). Anderen Orden, den Benediktinern oder Franziskanern beispielsweise, hätte man das als lässlich verziehen, nicht aber „diesen Jesuiten".

In der Münchner Jesuiten-Zentrale der deutschen Provinz, mitten im schönsten Schwabing, reagieren die Ordensleute heutzutage erstaunlich gelassen auf solche Vorhaltungen. Pater Richard Müller, Chefredakteur der Zeitschrift „Jesuiten", sieht Online-Gebet und Online-Seelsorge jesuitisch praktisch: „Wir sind dort, wo der moderne Mensch sich bewegt." Erwachsene und immer mehr Jugendliche würden nach Glauben und Lebenssinn suchen und das sei eine große Chance für die Jesuiten. „Wir sind im virtuellen Raum und haben 1.000 Zugriffe pro Tag. Der Orden ist innovativ." In dieser letzten Feststellung des Paters steckt vermutlich die Ursache dafür, warum „diese Jesuiten" seit fast 500 Jahren den meisten Menschen so unberechenbar, so unheimlich vorkommen. Während die Amtskirche eher träge vor sich hindümpelt, fällt dieser Gesellschaft Jesu, offiziell: „Societas Jesu" mit dem berühmten Kürzel SJ, ständig etwas Neues ein, um die uralte Hauptsache, den christlichen Glauben, noch besser an die Menschen heranzubringen. Die Jesuiten sind immer schon schnell am Ball gewesen, oft viel schneller als alle anderen.

Im Volksmund übrigens wird „SJ" mit „Schlaue Jungs" übersetzt. Tatsache ist: Um derart flott mit Gottes Wort unterwegs zu sein und mit guten Gründen überzeugen zu können, muss man nicht nur clever, sondern auch gut ausgebildet sein. Und Jesuiten sind wirklich „unheimlich" gut ausgebildet. Auch wenn die „Schlauen Jungs" dies nicht gerne hören und stets versuchen abzuwiegeln: Sie haben seit jeher Elite-Gymnasien und Elite-Hochschulen, an denen Spitzenkräfte für Kirche, Staat und Gesellschaft herangezogen werden. Legendär ist zum Beispiel die

Auch das gehört zum Alltag der Jesuiten: Morgendliche Besprechung in der Zentrale.

Päpstliche Universität „Gregoriana" und das dazugehörige „Collegium Germanicum et Hungaricum" in Rom. An der Hochschule, die der Ordensgründer Ignatius von Loyola als „Römisches Kolleg" ins Leben rief, wird traditionell das Führungspersonal der katholischen Kirche ausgebildet. Spätere Päpste, Bischöfe, Äbtissinnen oder Äbte erhielten und erhalten hier und am Collegium den absoluten Feinschliff in Theologie und Philosophie.

Jesuiten-Hochschulen hierzulande gehören ebenfalls zu den allerersten Adressen im internationalen Bildungswesen. Berühmt ist dabei die Hochschule für Philosophie in der Münchner Kaulbachstraße, eine wahre Kaderschmiede für Eliten in ganz Europa. Schon längst studieren neben den Ordensangehörigen auch Weltliche, denn der exzellente Ruf dieser „Jesuiten-Uni" wirkt wie ein Magnet. Über Fachkreise hinaus bekannt wurde die Hochschule, als der ehemalige baden-württembergische Ministerpräsident Erwin Teufel sich zum Studium anmelden wollte und wegen des fehlenden Abiturs anfangs auch nicht als Gasthörer angenommen wurde. Der Ex-Politiker hätte die Reifeprüfung in einem der drei gefragten deutschen Gymnasien des Ordens nachmachen können. Das hat eben mit dem Elite-Image zu tun, gegen das sich Pater Richard Müller zu wehren versucht. „Viele Leute haben das im Kopf wenn sie bei uns anfragen: ‚Wo kann ich mein Kind bei Jesuiten in die Schule geben?' Aber wir sind nicht auf Elitenbildung aus", beteuert der Ordensmann. Man wolle junge Menschen fordern und fördern und sehe dabei die Ganzheit von Körper, Geist und Seele. Mehr nicht. Übrigens: Teufel durfte schließlich doch bei den

P. Ignaz Fischer-Kerli, Kanzler der Hochschule für Philosophie

Jesuiten studieren, nachdem seine Zeugnisse nochmals geprüft wurden.

Doch wie so manch anderes Etikett klebt das Elite-Wapperl ganz besonders fest an Ignatius von Loyola's Jüngern, die, und das ist der nächste Aufkleber, als verschworene Männergesellschaft gelten. Der spanische Edelmann und Gründer wollte keine „Frauenabteilung", ließ aber auf päpstlichen Druck Jesuitinnen, auch „Jesuitessen" genannt, zu, die jedoch nur ein Jahr Bestand hatten. Danach erwirkte Ignatius eine päpstliche Verfügung, die einen weiblichen Zweig der Gesellschaft für alle Zeiten ausschloss. Schwach wurde der Ordensgründer trotzdem: Als Geldgeberinnen und Wohltäterinnen hingegen waren ihm Frauen willkommen. Heute leben und arbeiten insbesondere die Maria Ward-Schwestern, die „Englischen Fräulein", nach der SJ-Regel, tragen aber Ordenstracht und sind auch auf dem flachen Land zuhause. Sie nennen sich seit 2004 „Congregatio Jesu" (CJ). Die Jesuiten konzentrieren sich wie eh und je auf die Städte und tragen keinen Habit, also keine Tracht. Das Einzige, was man bei genauem Hinschauen an einem Schlauen Jungen entdecken kann, ist ein kleines Abzeichen mit den Buchstaben IHS. Das sind die ersten drei griechischen Buchstaben von „Jesus", die in lateinischer Schrift eben wie IHS aussehen. So etwas ist schon wieder sehr geheimnisvoll und riecht nach Geheimbund. Vielleicht kommen die Ordensleute den Menschen auch deshalb so geheimnisvoll vor, weil sie in ihrer zivilen Kleidung als Jesuiten nicht er-

Einladung zur Meditation in die Michaelskirche jeden Werktag um „Fünf nach Fünf"

kennbar sind, im Stadtbild von Metropolen schon gleich gar nicht.

Jesuiten sind dennoch leicht zu finden. Zum Beispiel in der Münchner Fußgängerzone, in der Jesuitenkirche St. Michael. Dort stehen sie jedem zum Gespräch zur Verfügung, anonym, in der Gruppe oder unter vier Augen. Oder jeden Werktag um 17:00 Uhr zur Meditation „Fünf nach Fünf." Das ist ein Renner im jesuitischen Angebot, das Menschen mit oder ohne Religionszugehörigkeit, mit oder ohne Glauben wahrnehmen. Wer sich mit Themen und Problemen rund um Kirche und Glaube befassen will, dem wird in der Kirche mit einer anspruchsvollen Vortragsreihe, dem „Forum der Jesuiten", gedient, wo auch einmal ein bekennender Gottloser ein Referat hält. Und dann kann es passieren, dass der Star unter den Münchner Jesuiten, der begnadete Prediger Pater Albert Keller, in St. Michael Besucher beschimpft, die ihm mit Frömmlertum und Doppel-Moral auf die Nerven gehen. Keller, übrigens Mitglied der Tegernseer Gebirgsschützen, schätzt mündige Christen und kritisiert schon mal Rom wegen der Verteufelung der Empfängnisverhütung. So nebenbei halten die Jesuiten auch noch geistliche Wacht über der letzten Ruhe von Märchenkönig Ludwig II., der in der Wittelsbacher Gruft von St. Michael liegt.

Jesuiten finden sich auch dort, wo die Hoffnungslosigkeit der Menschen am allergrößten ist, weil Gerechtigkeit und Gnade weit weg sind. Der Orden betreut mit seinem „Jesuiten-Flüchtlingsdienst" in deutschen Großstädten Menschen, die sich hier illegal aufhalten, oder Flüchtlinge, die in Abschiebehaft sitzen. Man wolle diese Menschen begleiten, ihnen dienen und für ihre Rechte – auch in der Öffentlichkeit – eintreten. Kon-

Jesuiten sind spärlich, aber funktionell eingerichtet. – Seelsorge „online": Technik gehört zum Alltag der Patres. – Bei aller Technik: Das persönliche Gespräch zählt (wie z. B. bei der Beratung von Asylbewerbern).

flikte mit dem Staat, gerade was die Arbeit mit Illegalen angeht, nimmt der Orden in Kauf. Man weiß schließlich aus der eigenen Geschichte, wie Verfolgung und Illegalität schmecken. Deshalb ist man auch in der Gefangenenseelsorge aktiv. Selbstbewusst genug sind die Jesuiten für diese kitzlige Arbeit. Passend dazu der Spruch auf einem Werbe-Flyer des Ordens, auf dem ein lässiger junger Mann mit Dreitagebart und Sonnenbrille zu sehen ist: „Wir sind keine Engel – wir tun nur ihren Job."

All das ändert nichts daran, dass auch die coolen Jesuiten von argen Nachwuchsproblemen gebeutelt werden. Die „Schlauen Jungs" sehen aber einen Silberstreifen am Horizont. Sie haben wieder einmal genau geforscht und festgestellt, dass der Orden in Deutschland die personelle Talsohle durchschritten habe, ganz im Gegensatz zu Spanien und Italien, wo der Aderlass noch weitergehe. Jesuiten werden heute in Deutschland, wie Ordenssprecher Thomas Busch weiß, eher Männer mit Ende 20, nicht wenige bereits mit abgeschlossenem Hochschulstudium. Den Mangel an Personal versucht die Gesellschaft Jesu mit Laienmitarbeitern wett zu machen. Das funktioniere nicht schlecht, sagt Busch, was durchaus mit dem sich allmählich verbessernden Image zu tun habe. „Es gibt schon Leute, die kommen und sagen: ‚Ihr Jesuiten werdet zu so brillanten Rednern ausgebildet. Wo kann ich das bei Euch auch lernen?' " Die Überlegenheit der Jesuiten hat neben der perfektionierten Ansammlung von Wissen mit viel Disziplin und der fast schon militärisch straffen Organisation zu tun, um die die Jesuiten interessanterweise vor allem von Diktatoren beneidet wurden und werden. Der Chef des Ordens mit Sitz in Rom nennt sich folgerichtig „General". Gegenwärtiger General ist der Holländer Peter-Hans Kolvenbach. Die deutsche Ordensprovinz wird von einem „Provinzial" geleitet. Es ist der gebürtige Westfale und heutige Schwede Stefan Dartmann, der von München aus die insgesamt 445 „Schlauen Jungs" anführt. Aus der deutschen Provinz soll jener Jesuit stammen, der sich vor langer Zeit einmal über die Unfehlbarkeit des Heiligen Vaters Gedanken gemacht haben soll. Er fand drei Fragen heraus, auf die selbst der Papst angeblich keine Antwort weiß: 1. Wie viele Frauenorden gibt es? 2. Woher haben die Franziskaner ihr Geld? und 3. Was denken die Jesuiten?

Deutsche Provinz der Jesuiten

Adresse:
Provinzialat der Deutschen Provinz der Jesuiten, Seestraße 14, 80802 München, Tel 089 38185-0, Fax 089 38185-202, Email: online@jesuiten.org, Internet: ww.jesuiten.org

Tätigkeiten:
Bildungsarbeit, Hochschule für Philosophie München, Pater Michael Bordt SJ (Rektor), Kaulbachstraße 31a, 80539 München, Tel 089 2386-2300, Fax 089 2386-2302, Email: admin@hfph.mwn.de, Internet: www.hfph.mwn.de,

Gefangenen-Seelsorge, Jesuiten-Flüchtlingsdienst für Menschen in Abschiebehaft und illegal in Deutschland lebende Ausländer.

Online-Seelsorge: online-seelsorge@jesuiten.org, Online-Gebet „Sacred Space": www.jesuiten.org/sacred-space,

Exerzitienangebot: Exerzitien Online, Pater Ansgar Wiedenhaus SJ, exerzitien-online@jesuiten.org.

Weitere Einrichtungen:
Jesuiten in St. Michael in München, Pater Hermann Breulmann SJ (Kirchenrektor), Maxburgstraße 1, 80333 München, Tel 089 231706-0, Fax 089 231706-40, Email: st-michael@jesuiten.org, Internet: www.st-michael-muenchen.de

Glaubensorientierung in St. Michael, Maxburgstrasse 1, 80333 München, Tel 089 231706-0, Fax 089 231706-40, Email: glaubensorientierung@jesuiten.org.

Marianische Männerkongregation am Bürgersaal zu München, Pater Peter Linster SJ, Kapellenstrasse 1/II, 80333 München, Tel 089 219972-0, Fax 089 219972-24, Internet: www.mmkbuergersaal.de

Exerzitienhaus Schloss Fürstenried, Pater Herbert Graupner SJ, Forst-Kasten-Allee 103, 81475 München, Tel 089 7450829-0, Fax 089 7450829-99, Email: herbert.graupner@jesuiten.org, Internet: www.erzbistum-muenchen.de/EMF140/EMF013924.asp

Offene Kirche St. Klara Nürnberg, Pater Karl Kern SJ, Königstraße 64, 90402 Nürnberg, Tel 0911.2346-190, Fax 0911.2346-193, Email: OK.Klara@jesuiten.org, Internet: www.st-klara-nuernberg.de

Danke Maria hat geholfen Bitte hilf weiter
Tausendmal Dank für die große Hilfe

Das göttliche Bier der Schwarzen Mönche

Den Augustinern hat München viel zu verdanken – und lohnte es ihnen schlecht

Das Münchner Stadtwappen verwirrt nicht nur Fremde. Was soll dieses schwarzgewandete, puppenhafte Zwergerl mit der spitzen Mütze eigentlich darstellen, fragen sich auch Eingeborene. Das „Münchner Kindl" natürlich, antworten Neunmalkluge. Jedes Jahr sitze es in Gestalt einer auserwählten jungen Dame beim Oktoberfest-Anstich auf einem Bierfass neben dem Oberbürgermeister. Als Gag und als Startzeichen für die Italiener, Australier oder Neuseeländer für deren 14tägige Tauchgänge durch die Maßkrüge. Andere meinen, es handle sich bei der Abbildung um den völlig misslungenen Versuch, einen der Tegernseer Benediktinermönche abzubilden, welche die Klause am Petersbergl hinter dem Marienplatz gebaut hatten. Wieder andere schwören darauf, dass es ein fast schon böswillig verfremdeter Augustinermönch sei, der voller Gram zur Seite schaue, weil die Stadt 1910 das ehrwürdige, 1313 gegründete Augustinerkloster direkt am Liebfrauendom habe platt machen lassen.

Und das stimmt tatsächlich. Die Stadt wollte in Rathausnähe ein Polizeipräsidium bauen und hatte gleich nach dem riesigen Klosterareal gegriffen. Der Ordnung halber sei erwähnt, dass der letzte der schwarzen Mönche, wie die Augustiner wegen ihrer Kuttenfarbe genannt wurden, bereits am 1. Oktober 1803 den gewaltigen Klosterbau verlassen musste. Die Wittelsbacher hatten nämlich die Klöster im Land aufgelöst, so auch jene in der Residenzstadt, dann den Besitz eingezogen und schließlich den

Früher hingen hier Kreuze an den Wänden – heute sind es Jagdtrophäen: Aus der Augustinerkirche wurde das Jagd- und Fischereimuseum.

Ordensleuten den Laufpass gegeben. Ins Kloster zog die Beamtenschar der kurfürstlichen und später königlichen Justizverwaltung ein. Auch das Hofgericht kam im Augustinerblock unter. Die schöne gotische Klosterkirche, die größtenteils noch steht, funktionierten die Münchner zu einer ganz ordinären Mauthalle mit Zollamt und Wiegeanlage um. Heute hängt an den ehemaligen Kirchenwänden die Trophäensammlung des Jagd- und Fischereimuseums. Wechselvolle Geschichte nennt man das.

Dieses München ist schon undankbar: Was hatten die Augustiner nicht alles für diese Stadt getan. 1294 war der von größtmöglicher Enthaltsamkeit und einem Leben in strikter Armut bestimmte Bettelorden von

Augustiner, OSA

OSA = Ordo Fratrum Sancti Augustini, Orden der Brüder des Heiligen Augustinus

Ordensgründung: Nach dem Zusammenschluss zahlreicher italienischer Eremitenverbände 1256 in Rom auf Betreiben des Vatikans als Bettelorden (wie die Franziskaner, Dominikaner und Karmeliten) gegründet und hauptsächlich in den Städten tätig.

Ordensleben nach den Regeln des Hl. Augustinus (354 – 430 n. Chr.)

Ordenstracht (lat. Habitus): schwarze Tunika (= Untergewand) mit schwarzem Ledergürtel und einem großen Schulterkragen mit Kapuze.

Derzeit 7 Klöster in Bayern.

Freising her kommend in der Stadt das erste Mal aufgetaucht. Die Mönche kümmerten sich sofort um das Lumpenproletariat in der herzoglichen Metropole, um die Siechen, die Kranken und die Ausgestoßenen. Sie bettelten und beteten für das stetig wachsende Heer der Armen. Andererseits: Hochgebildet wie die Münchner Augustiner waren, hatten sie auch für geistige Nahrung bestens vorgesorgt. Bis Mitte des 18. Jahrhunderts war im Kloster die größte und bestsortierte Bibliothek Münchens zusammengekommen. Ein noch erhaltenes, in der Staatsbibliothek aufbewahrtes Handschriftenverzeichnis gibt Einblicke in den großen Bücherschatz. Und schließlich eine Höchstleistung des Ordens auf dem Gebiet des flüssigen Brotes: Welcher Genießer edlen Gerstensaftes schwärmt nicht von dem Bier, das nach diesen Mönchen benannt ist? 1328 hatten sie in Rufweite zum Münchner Dom ein kleines „Braxatorium" (lateinisch: Brauerei) eingerichtet, für den Eigenbedarf, versteht sich. Schnell aber ging in der Stadt die Kunde um, die Augustiner brauten ein Bier von allerbester Qualität, besser als alles andere, was die damals rund 60 Sudstätten der Stadt zustande brachten. Es hieß auch, der edle Tropfen überträfe an Stärke andere Biere um ein Vielfaches, Manna hoch zwei, sozusagen.

Im ehemaligen Augustinerkloster in der Ettstraße befindet sich heute das Münchner Polizeipräsidium.

An Fremde das Augustinerbier auszuschenken, hatte der Münchner Magistrat unter Strafe verboten. Aber nicht einmal das herzogliche Fürstenhaus der Wittelsbacher hielt sich daran. Bis zur Gründung des Hofbräuhauses anno 1589 gelangte das hochgepriesene Bier unter der Hand an die Tafel des Herzogs. Das mönchische Braxatorium überdauerte sogar die Klosteraufhebung 1803, bei der auch alle klösterlichen Betriebe geschlossen wurden. Die kurfürstliche Klosterkommission, wohl wissend um den Wert des edlen Sudes, bestritt aus dem Bierverkauf den Unterhalt pflegebedürftiger

Augustiner-Mönche. Später wurde die Brauerei versteigert. Den Zuschlag – das war im damaligen Braugewerbe die Sensation schlechthin – erhielt eine Frau, die ehrbare Maria Theresia Wagner. Ob die Braurezepturen auch unter den Hammer kamen, ist nicht überliefert. Aber den Augustinerbräu gibt's heute immer noch. Angeblich ist der Bräu resistent gegen globale Industriebrauer, die sich auf das Zusammenkaufen von Marken mit Mönchen spezialisiert haben.

Nun bleibt jedoch die Frage offen, wieso die Augustiner so viel Wert auf die Qualität und vor allem auf die Stärke ihres Superbieres gelegt hatten. Es ist überliefert, dass damals vor fast 700 Jahren solche Fragen auch gestellt wurden. Die Schwarzen Mönche antworteten darauf immer mit dem Hinweis, dass sie eigentlich tagaus, tagein wenig nahrhaftes Fastenessen zu sich nähmen und überhaupt ein strenger Orden seien mit größter Bußfertigkeit, was einen körperlich zehrenden Tagesablauf zur Folge habe. Deshalb und nur deshalb müsse das Bier in seinem Wesen als verflüssigtes Brot kräftiger eingebraut werden. Der prächtige Gerstensaft war für die frommen Augustiner also eine Art himmlisches Manna zur Stärkung für den weiteren Gottesdienst. Daher ist es nur folgerichtig, dass sich die Bierbrauer den Heiligen Augustinus als Schutzpatron ihres Berufsstandes auserkoren.

Dieser Augustinus hatte sich auch die nach ihm benannte, strenge Regel ausgedacht. Von ihm stammt der Kernsatz des Gemeinschaftslebens: „Wie ein Herz und eine Seele sein." Das war 100 Jahre vor Benedikt, dem

Übervater des abendländischen Mönchstums, der bei seiner Regel nach dem Motto „gute Ideen kann man gar nicht oft genug kopieren" bei dem nordafrikanischen Gottesmann phasenweise abgeschrieben hatte.

Nach einem wilden Leben als Playboy und Frauenheld war der 354 n. Chr. im heutigen Algerien geborene Augustinus zum Glauben und schließlich zum Amt des Bischofs von Hippo (heute: Annaba / Algerien) gekommen. Bei dieser Gelegenheit ein heißer Tipp für Vatikanbesucher. Wer Papst Benedikt überraschen will, muss nur den heiligen Augustinus zitieren und schon könnte vielleicht sogar eine Privataudienz drin sein. Der ehemalige Kardinalsdekan Joseph Ratzinger ist ein ausgewiesener Augustinus-Spezia-

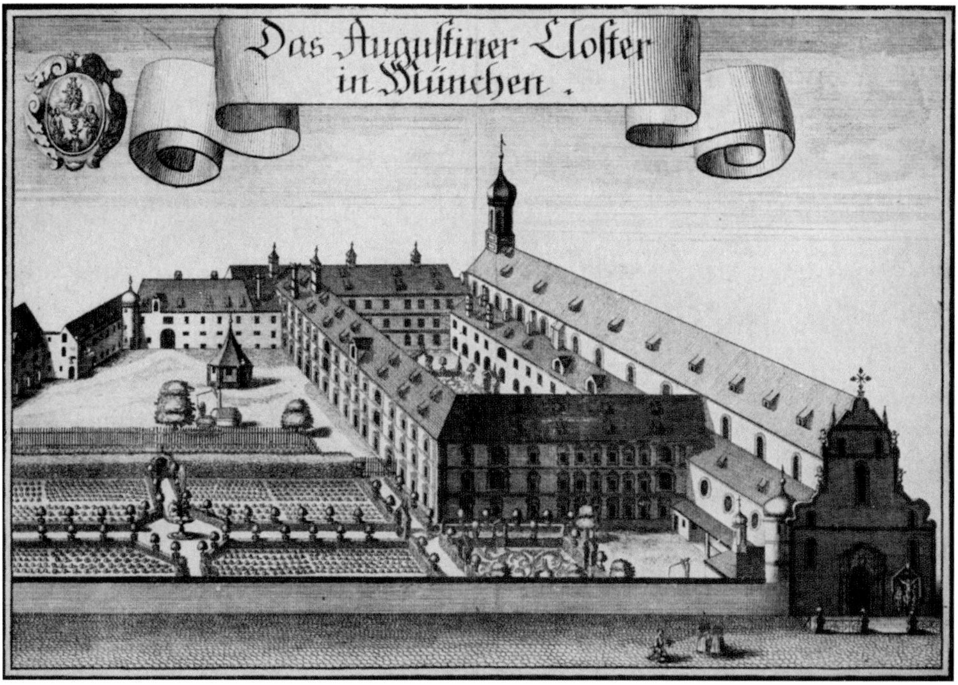

list, der den Nordafrikaner tief verehrt. Kein Wunder also, dass die erste Enzyklika des bayerischen Papstes von „Deus est Caritas" (= Gott ist Liebe) handelt. Augustinus hatte nicht nur eine Ordensregel geschrieben, sondern durch seine Lehrsätze und Erläuterungen den christlichen Glauben erfassbarer und damit noch lebbarer gemacht. Für ihn ist die Liebe Ausgangspunkt des Glaubens, weil die Liebe von Gott kommt und kein „Produkt" des Menschen ist, dessen Liebesverständnis nur zu egoistischer Gier, Stolz, Anmaßung, zu Selbstruhm oder -ehre, und zur Suche nach dem eigenen Profit führen würde.

Die Nächstenliebe ist für den äußerst sozial eingestellten Augustinus Dreh- und Angelpunkt des gläubigen Menschen, denn darin kommt die Liebe zu Gott zum Ausdruck. Der Mann aus Afrika ist mit seinen Lehren nach wie vor brandaktuell und gilt heute noch als der größte unter den abendländischen Kirchenvätern. Obendrein gelang es ihm, das Wissen der griechischen Philosophie mit der christlichen Lehre zu verbinden. Er wurde so zum bedeutendsten theologischen Philosophen der Kirche. Die Wissens- und Glaubenswelt des Augustinus löste später Ordensgründungen aus: Die Priesterorden der Prämonstratenser und der Augustinerchorherren, die in den Wirren des Niedergangs der katholischen Kirche im 12. Jahrhundert aufgekommen waren, leben bis heute nach seinen Lehren. Ebenso der Bettelorden der Dominikaner, der Anfang des 13. Jahrhunderts zeitgleich mit dem Elend in den Städten entstanden war. Erst 1256 erschien der

Bettelorden der Augustiner auf der Bildfläche Europas.

Zurück nach München: Die augustinischen Bettelmönche hatten gut gewirtschaftet und konnten 1508 eine stattliche Summe nach Wittenberg im heutigen Sachsen-Anhalt zum Neubau des dortigen Augustiner-Klosters überweisen. Solch spendable Mitbrüder wollte der Wittenberger Augustiner-Mönch Martin Luther natürlich gerne kennen lernen. Auf einer Rückreise von Rom schaute der spätere Kirchenrebell und Reformator im Münchner Kloster vorbei und predigte dort auch. Es hieß, Luthers damalige Predigt sei „noch gut päpstlich" gewesen. Der Stuhl, von dem aus der Wittenberger sprach, wurde noch lange nach Luthers Tod wie eine Reliquie im Augustinerkloster aufbewahrt – selbstverständlich ohne Wissen der Freisinger Bischöfe. Luther hatte den Münchner Augustinern gewiss nicht geschadet. Mitte des 18. Jahrhunderts erreichte das Kloster direkt neben dem Dom als geistliches und geistiges Zentrum seine absolute Hochblüte. Doch dann führten Fehlgriffe beim Führungspersonal zu einem wirtschaftlichen Niedergang und zu Disziplinverfall unter den Mönchen. Da half es auch nichts, dass kurz vor Klosteraufhebung französische Augustiner, die vor der Revolution in ihrem Land nach München geflohen waren, das Ansehen des Ordens durch aufopferungsvolle Arbeit für die Armen der Stadt wieder herzustellen versuchten. Münchens Schwarzen Mönchen war nicht mehr zu helfen. Jetzt hilft vielleicht der gute Geist der Augustiner den Beamten im Polizeipräsidium, dem das Kloster Platz machen musste. Immerhin gilt München als die sicherste Großstadt der Republik.

Wo Papst Benedikt das Predigen lernte

Der Augustinerorden in Bayern: Gotteslob im heiligen Eichenhain

TV-Sender fuhren sensationell hohe Quoten ein: Alle Welt war zutiefst angerührt von der Predigt des Kardinalsdekans Joseph Ratzinger beim Trauergottesdienst für den verstorbenen Papst Johannes Paul II. auf dem Petersplatz zu Rom. Viele sagen, es sei die Predigt gewesen, die ihn zum Papst gemacht habe. Wo hat der Oberbayer das Predigen gelernt ? Selbstverständlich daheim im Oberbayerischen. Von einem Augustinermönch in Wies nahe der christkatholischen Denkfabrik auf dem Domberg zu Freising. Das war in den Fünfzigern im letzten Jahrhundert und zu einer Zeit, als der Augustinerorden versuchte, nach gut 150 Jahren im Münchner Raum wieder Fuß zu fassen. Der Studiosus Ratzinger war damals bereits auf dem Weg nach oben. Die Augustiner, deren Kloster dem Münchner Polizeipräsidium weichen musste, suchten sich vor den Toren der Stadt in einem Eichenwald wieder eine feste Bleibe.

Für hektische, halbtaube Stadtmenschen wird das nichts sein, weil man es schon aushalten muss: Aus der lärmenden Münchner Innenstadt 20 S-Bahnminuten hinaus nach Planegg im Westen, dann nicht einmal drei Minuten Fußweg entlang eines dichten Eichenhains und plötzlich diese Stille. Es folgt fast ein Kulturschock für den Großstädter: Am Ende des

Tausende pilgern pro Jahr zum „Frauerl von der Aichen", dem Gnadenbild im Eichenstamm.

Hains ein kleines Waldheiligtum nach Art der Kelten, daneben ein noch kleineres Kloster. Das Ziel ist erreicht: Der winzige Wallfahrtsort Maria Eich, im Volksmund „as Frauerl von der Aichen" genannt und daneben das Klösterl der Augustiner. Joseph Ratzinger ist mittlerweile Papst in Rom. Und wo blieb die augustinische Ordensfiliale, die ihm das lutherisch-mitreißende Reden beibrachte? Die hat jetzt in der Würmtal-Gemeinde Planegg am Stadtrand ihren Sitz. Den Augustinern erlaubte 1953 der damalige Münchner Kardinal Michael Faulhaber, wegen seiner angeblich zu nachgiebigen Haltung gegenüber Hitler heute noch umstritten, sich im Wald von Maria Eich niederzulassen. Bedingung: Seelsorge für die Wallfahrer.

Der Bettelorden hat also seinen Platz im Speckgürtel der Bayernmetropole gefunden. Die Mönche kümmert das nicht. Die ruhmreichen Münchner Zeiten mit der größten Bibliothek weit und breit sowie über fast 500 Jahre hinweg direkter religiöser Einfluss am Hofe der Wittelsbacher, all das ist Geschichte. Auch die stolze Zahl von 69 Mönchen, die das Augustinerkloster in der Landeshauptstadt noch vor der allgemeinen Klosteraufhebung im Jahre 1803 der kurfürstlichen Verwaltung gemeldet hatte, löst keine Wehmut aus. Maria Eich ist heute mit seinen acht Augustinern eher ein Mini-Kloster, dafür aber ein sehr umtriebiges. Pater Eric zum Beispiel pendelt zwischen Kloster und seinem Schreibtisch in München. Er ist Präsident von „Missio", dem katholischen Missionswerk, das in Afrika, Asien und Ozeanien die Ursachen von Armut zu überwinden versucht, Flüchtlinge und AIDS-Opfer betreut, sich für Frauenförderung stark macht und Menschenrechtsverletzungen anprangert. Oder Pater Roger, der sich als Direktor des Münchner Instituts zur Förderung des publizistischen Nachwuchses um die Journalistenausbildung innerhalb und außerhalb der Kirche kümmert. Oder Pater Wilfried, Subprior – also stellvertretender Klosterchef und Wallfahrtskurat. Er betreut zusammen mit drei anderen Brüdern die vielen Gläubigen und Nichtgläubigen, die das ganze Jahr über zum „Frauerl" pilgern, der wundertätigen Mutter Gottes im Eichenstamm. Und dann ist da noch der Chef: Pater Alfred, der Prior, zugleich Bibliothekar und Krankenhausseel-

Die umtriebige Gemeinschaft der Augustiner von Maria Eich

sorger im Rotkreuz-Krankenhaus im Münchner Stadtteil Neuhausen.

Die Mönche von Maria Eich können allerdings nicht damit rechnen, bis an ihr Lebensende an diesem idyllischen Fleckerl Erde zu bleiben.: Augustiner haben mobile Leute zu sein, ganz im Gegensatz zu manch anderen Orden, wo für ein Leben lang die „Stabilitas Loci", die Beständigkeit am Ort, wörtlich gilt. Die Stabilitas bedeutet für die wegen ihrer Kuttenfarbe so genannten Schwarzen Mönche eher die Beständigkeit in der Pflege der Gemeinschaft. Augustiner fügen eben jene Flexibilitas, die Beweglichkeit, hinzu. Es kann daher gut sein, dass Pater Alfred oder die anderen nach einer Zeitspanne Maria Eich für eine andere Aufgabe in einer anderen Augustiner-Gemeinschaft verlassen. Der auf jeweils vier Jahre von allen Ordensleuten gewählte Provinzial, wie der erste Mann der Augustiner in Deutschland genannt wird, kann seine Mitbrüder fast jederzeit auf andere Posten berufen. Die Personaldecke ist dünn und die Arbeit nimmt nicht ab. Bei aller erforderlicher Beweglichkeit: „Es ist gut, wenn wir zusammen sind," sagt Pater Alfred, „denn wir Augustiner leben ja aus der Gemeinschaft heraus." Mitbruder Wilfried weist dabei auf Augustinus hin, der fasziniert vom Mönchstum gewesen sei. „Er war entzückt vom Sinn für das Leben miteinander." Einmal im Monat kommt trotz der vielen Arbeit, die den Konvent in alle Windrichtungen treibt, das Kloster-Kapitel in Maria Eich zusammen. Auf dieser Mönchsversammlung wird über anstehende Fragen entschieden und es werden Probleme gelöst.

Gemeinschaft verstehen Augustiner grundsätzlich nicht als „blinde Gleichschaltung von Menschen", wie der Prior aus einem Kommentar zur Ordensregel zitiert. Der Orden habe einfach eine „starke Liberalität,

eine große Achtung vor der Person des anderen", die sich besonders in der Liebe zum Nächsten ausdrückt. An dieser Stelle lohnt es sich wirklich, ein bisschen tiefer in das Glaubensverständnis der Augustiner einzusteigen: „Diese Liebe akzeptiert mit großer Ehrerbietung die persönliche Eigenart eines jeden, so wie er ist: mit seinen unterschiedlichen Stärken und Schwächen, mit seinem für ihn typischen Temperament und Charakter", so zitiert Pater Alfred weiter und lässt auch den heiligen Augustinus selbst zu Wort kommen: „Nicht jedem Einzelnen gleich viel, sondern jedem, was er persönlich nötig hat." Das sind gute Bedingungen, wenn man miteinander oder für sich auf Gottessuche geht.

In dem kleinen Wald vor der großen Stadt herrscht schon eine besondere Atmosphäre, geschaffen von den Augustinern in Kooperation mit dem „Frauerl", dem bildhaft gewordenen Glaubensverständnis in Gestalt einer Strahlenkranz-Muttergottes, 30 Zentimeter klein und Zielpunkt von Tiefgläubigen, Gottlosen, Zermürbten, Verliebten, Gestrauchelten, Hoffnungsfrohen oder einfach nur Neugierigen. Sie lassen Wünsche auf kleinen Zetteln da und die Handschriften verraten, dass hier offenbar viele „persönliche Eigenarten" zusammenkommen. Pater Wilfried betreut diese bunt zusammengewürfelte Schar, die keine Pfarrgemeinde ist, weil sie sich jeden Tag neu zusammenstellt, meistens im Takt der S-Bahn aus Richtung München oder Tutzing: „Viele kommen hierher, weil sie eine bestimmte Form des Gottesdienstes suchen." In der von den Mönchen festgelegten Zeitspanne zwischen dem 1. Mai und Mitte September sind übers Jahr jeden Sonntag im Schnitt 500 Menschen um 11 Uhr beim Open-Air-Gottesdienst am Freialtar vor der Gnadenkapelle. Wenn das

Wetter mitspielt, schaut es hier aus wie bei einem katholischen „Woodstock": Alte und Junge, Familien mit Kinderwagen, Single mit Hundebegleitung. Man sitzt oder liegt und genießt, weil „es ein Ort, der Stille und Geborgenheit ist und hier Friede herrscht," beschreibt Pater Wilfried den Magneten Maria Eich. Seine weitere Beobachtung: „Jeder wird still hier". Sei es die verschwitzte Joggerin, die vor dem Marienbild ihre Andacht hält oder jene, die mit dem Radl zur Kapelle fahren, um kurz in eine andere Welt einzutauchen. Vielen, so empfindet es der Mönch, komme der Ort vor wie eine Himmelswiese, die zum Träumen und Sinnieren einlade. Es sind aber auch die an Herz und Seele Verletzten da, die in der Nähe des Klosters und der Wallfahrtsstätte Geborgenheit vermuten. Ab und zu würden solche, die die Außenwelt satt hätten, der Mönchsgemeinschaft beitreten wollen. „Auch und gerade für sie sind wir da," versichert der Pater Prior, wenngleich das mit dem Klostereintritt fast immer nur eine Illusion bleibe. Allein den streng geregelten mönchischen Tageslauf, so Pater Wilfried, würden solche Quereinsteiger keine Woche aushalten.

Und dann kann es auch passieren, dass aus dem nahen Kreuzlinger Forst kommend sich ein Hirsch in die Wallfahrtskapelle verirrt. Das macht Schlagzeilen, weil es doch ein Wunder sei, wenn ein wildes Tier beim „Frauerl" Schutz suche vor bösen Jägern.

So treibt den einen oder anderen Pilger die versteckte Sensationslust an, nach Maria Eich zu kommen und genau in diesem Moment unter den Augen der Muttergottes das Wild des Waldes beim Asylsuchen anzutreffen. Den Augustinern passt solch ein hysterischer Wirbel natürlich ganz und gar nicht. Es herrscht durch die Wallfahrt eh schon genügend Rummel vor den Mauern des kleinen Klosters mit seiner winzigen Kapelle, die einem vorkommt wie ein Stück vom Paradiesgarten. Aber, wie wir wissen: Der Orden hat eine starke Liberalität, ein Augustiner hält das aus.

Augustiner-Kloster Maria Eich

Adresse:
Augustiner-Kloster Maria Eich, 82152 Planegg (Gemeinde Planegg, Landkreis München), Tel.: 089/ 895623-0, Fax: 089/895623-24, Internet: http://www.augustiner.de/html/inhalt_set.htm?kloster

Klostergründung:
1954.
Derzeitiger Klosterchef: Pater Prior Alfred Issig.

Anfahrt:
Am besten mit der S-6 München-Tutzing, Haltepunkt Planegg, dann Fußweg zum Kloster.

Tätigkeiten des Klosters:
Krankenhausseelsorge, Wallfahrerseelsorge, Pfarrdienst, Missionsdienst, berufliche Bildung.

Sehenswert:
Seit gut 260 Jahren Wallfahrt zum „Frauerl von der Aichen", einer einfachen, 30 Zentimeter großen Loretto-Marienstatue (der schwarzen Madonna im italienischen Loretto nachempfunden), eingewachsen in einen Eichenstamm, jetzt in der Kapelle aufgestellt. Beeindruckende Sonntags-Gottesdienste unter freiem Himmel zwischen 1. Mai und Mitte September.

Gastronomisches und touristisches Angebot:
Klosterladen mit einem reichhaltigen Angebot, vielfältige Gastronomie in Gehnähe, schönes Wandergebiet in einem großen, stadtnahen Laubwald.

Die bösen Neckereien der Wittelsbacher

Wie Bayerns Herrscher das Zisterzienserkloster Waldsassen quälten

Was hatten wir Kinder für eine Heidenangst in diesen Kirchen: Das Grauen lag oder hockte in Glassärgen im unheimlichen Halbdunkel der Seitenaltäre. Und es gab kein Entrinnen: Der Weg nach vorne zum Allerheiligsten führte zwingend vorbei an grinsenden Totenschädeln und winkenden Knochenhänden. Dagegen waren spätere Geisterbahnfahrten eine ganz müde Sache. Dass die furchterregenden Skelette gleich Königen in prächtigste Gewänder aus Gold und Silber, Samt und Seide gehüllt waren, machte alles nur noch schlimmer. Wir waren Opfer der katholischen Sitte geworden, mit Hilfe sogenannter Katakombenheiligen aus Rom Kirchen bedeutender und das Glaubenkönnen noch stabiler zu machen. Insbesondere in Klosterkirchen fanden die Toten ihre allerletzte Ruhe. Die bayernweit mit am prächtigsten inszenierten Heiligen finden sich in der Kirche der Zisterzienserinnen im oberpfälzischen Waldsassen. Heilige Fürsprache konnte das Kloster gut gebrauchen: Waldsassen war einer der Brennpunkte der vielen religiösen Auseinandersetzungen vor allem zu Luthers Zeiten.

Jene Sitte mit den seltsamen Heiligen ist makaber, wie vieles, was vor allem im 16. Jahrhundert in der katholischen Kirche so passierte. Die menschlichen Überreste stammen jedoch aus der Zeit, als im Rom kurz nach Christi Geburt Tote innerhalb der Stadt weder verbrannt noch begraben werden durften. Deshalb bestatteten auch die ersten Christen ihre Verstorbenen in großen, künstlich angelegten Höhlen vor der Stadt, in den „Catacumbae“, den Katakomben. Weit über eine Million Leichen kam da bis zum 4. Jahrhundert zusammen, bis dann innerhalb der Ewigen Stadt Friedhöfe angelegt werden durften. Die Höhlenleichen hätten bis heute ihre Ruhe, wäre nicht 1578 ein Weinberg eingebrochen und dabei das Reich der Toten entdeckt worden.

Zu dieser Zeit erreichte europaweit der Kampf um den rechten Glauben zwischen Katholiken und Protestanten allmählich seinen Höhepunkt. Die Kirchenoberen in Rom waren gerade dabei, ordentlich Propaganda gegen die Lutherischen zu machen und starteten eine großangelegte Werbekampagne mit dem alten Heiligen- und Reliquienkult. So erschienen die Gerippe aus der Katakomben-Unterwelt wie ein Geschenk des Himmels. Flugs wurden die Toten mit Namen versehen, getauft, danach zu sogenannten Blutzeugen, sprich Martyrern, erklärt und

Zisterzienserinnen, SOC

SOC = Sacer Ordo Cisterciensis = der heilige Orden der Zisterzienser / Zisterzienserinnen

Ordensgründung: 1098 im französischen Cîteaux (lateinisch: Cistercium, daher der Ordensname).
Ordensgründer: eine Gruppe französischer Benediktinermönche als Reaktion auf die Verweltlichung des Benediktinerordens.
Ordenstracht (lat. Habitus): Weiße Tunika (= Untergewand), schwarzes Zingulum (= Gürtel), schwarzes Skapulier (= bodenlanger Überwurf) mit Kapuze und weißer Flocke (= mantelähnliche Überkleid).
Strenges Ordensleben (Fasten, harte Bußregeln) nach der Regel des hl. Benedikt (480-547 n. Chr.) Verbreitung über ganz Europa. Revolutionierung der Landwirtschaft, Einführung der Gotik. Im 17. Jahrhundert Abspaltung der Trappisten mit der Unterbezeichung: „Zisterzienser der strengen Observanz" (= genaue Beachtung der Ordensregeln).
In Deutschland gegenwärtig vier Frauen- und acht Männerklöster.

schließlich pauschal heilig gesprochen. Seitdem gibt es beispielsweise einen Heiligen Incognitus (lateinisch für: unbekannt). Jeder Katakombenheilige bekam auch seine eigene Lebens- und Leidensgeschichte mit Brief und Siegel. Wichtig war zur damaligen Zeit wie heute, den Glauben an ein Leben nach dem Tod wach zu halten.

Rom hatte jetzt einen schier unerschöpflichen Vorrat an Heiligen-Reliquien für den Werbefeldzug gegen die Anhänger Luthers. Und die Kirchengemeinden in der katholischen Welt wollten sich gerne mit einem eigenen Heiligen schmücken. Ganz so einfach waren die Toten aus den Katakomben allerdings nicht zu haben. Man brauchte Geld und gute Beziehungen zum Vatikan. Oft sprangen reiche Gemeindemitglieder als Mäzene ein. Prunkvoll eingekleidet und im Rahmen großer Kirchenfeste wurden die Katakombenheiligen dann feierlich in den durchsichtigen Särgen beigesetzt. Viele Klöster der damaligen Zeit konnten sich wegen ersprießlichen Wirtschaftens und gewinnbringender weltlicher Privilegien die Heiligen eher leisten. Das Kloster Waldsassen im Norden der Oberpfalz, im heutigen Kreis Tirschenreuth gelegen, zählte auch dazu. Obendrein hatte die Abtei auch noch einen begnadeten Künstler unter den Mönchen, der die weit und breit wohl prächtigsten Gewänder für die Waldsasser Heiligen schuf. Pater Adalbert Eder hieß er und die nach ihm benannten „Eder-Arbeiten" sind heute noch ein Begriff in der Kunst der Goldverarbeitung.

Dabei waren die Zisterziensermönche, die sich Ende des 11. Jahrhunderts vom Benediktinerorden abgespaltet hatten, für Schmuck und Zierrat eigentlich nicht zu haben. Die strenge, graue Gotik galt als ihr Markenzeichen. Außerdem waren sie berühmt dafür, die sumpfigsten, die dürrsten, sprich die unwirtlichsten Flecken Erde in fruchtbare Paradiese zu verwandeln. Ein guter Grund für den mächtigen Markgrafen Diepold III. von Vohburg-Cham, die hart arbeitenden Mönche 1132 ins Land zu holen und ihnen gleich eine ganze Gegend zu stiften. Daher der immer noch übliche Name „Stiftland" für die Gegend zwischen dem heute tschechischen Cheb (= Eger) und Tirschenreuth. Und tatsächlich: Aus den morastigen Sümpfen holten die Zisterzienser fruchtbares Kulturland mit viel Teichwirtschaft heraus, da der Orden den Fleischgenuss nicht auf der klösterlichen Speisekarte hatte. Dem Werk der fleißigen Mönche ist eine Marke zu verdanken, die bis heute gerühmt wird: „Oberpfälzer Karpfen." Dass es mit dem Kloster aber nicht einfach werden würde, kündigt sich bereits in der Gründungslegende an. Danach erschien den betenden Mönchen in ihrer Einsiedelei nachts die Mutter Gottes und der Evangelist Johannes, der ihnen die Stelle für Kirchen- und Klosterbau mit den Worten nannte: „Hier wird der göttliche Dienst, solange der Wandel der streitenden Kirche Gott gefällt, niemals aufhören…" Alsdann tauchte ein Rudel Wölfe auf, fletschte die Zähne gen Himmel und hub an, fürchterlich zu heulen. Manche deuteten dies als Zeichen künftiger Leiden der Klosterbewohner. Und tatsächlich: In den folgenden Jahrhunderten war es kein leichtes Leben im Kloster.

„Der Heuchler": Holzfigur in der Bibliothek

So ziemlich alle Kriege, Händel und Fehden des deutschen Kaiserreichs sowie des Herzog- und Kurfürstentums in Bayern und natürlich nahezu sämtliche Auseinandersetzungen religiösen Ursprungs hatte das Kloster mit auszubaden. Genau so oft wurde die Abtei geplündert, gebrandschatzt und dem Erdboden gleichgemacht – und wiederaufgebaut. Dabei hatte alles so gut und so friedlich begonnen. Der Staufer-Kaiser Friedrich I., genannt Barbarossa, höchstselbst war am 12. Juni 1179 bei der Weihe der Klosterkirche zugegen und stellte danach die Abtei unter unmittelbaren Reichsschutz. Damit nicht genug der Ehre. Papst Luzius III. verfügte 1185 in einer Bulle (= beurkundeter päpstlicher Rechtsakt): „Wir beschließen, dass kein Mensch das Recht habe, das Kloster Waldsassen ohne Ursache zu gefährden, seine Besitzungen wegzunehmen … oder mit was immer für Neckereien zu quälen." Bei Zuwiderhandlung werde die betreffende Person „im Tode der Rache Gottes anheimfallen."

Diese Drohung scherte 1556 die lutherisch gewordenen Kurfürsten der pfälzischen Wit-

Innenansicht der Klosterkirche von Waldsassen

telsbacher-Linie wenig. Die Pfälzer dachten sich wahrlich böse Neckereien aus. Da sie das Kloster evangelisch-calvinistisch machen wollten, arbeiteten sie mit allen Tricks, wie ein Chronist notierte: „Deshalb wurden … den Mönchen, um sie schneller zu gewinnen, Weiber zugelassen, die in die Klosterzellen sich schlichen, und bei den Mönchen übernachteten …" 1571 hob man das Kloster auf. Während des Dreißigjährigen Krieges griffen sich die katholischen Wittelsbacher aus München die Oberpfalz und schickten schließlich 1661 die Zisterzienser des Klosters Fürstenfeld im heutigen Fürstenfeldbruck zum Wiederaufbau nach Waldsassen. Es ist die Zeit des Barocks, die katholische Kirche jubelt und mit ihr die so leidgeplagte Abtei im Stiftland. Das barocke Bauen wird, wie anderswo im Lande auch, zum Gottesdienst. So entsteht das Zisterzienserkloster Waldsassen in Form und Umfang, wie man es heute kennt. Die besten Baumeister, Künstler und Handwerker Bayerns und Böhmens sind am Werk, dazu berühmte Stuckateure aus Italien. Sie schaffen eine der schönsten Barockkirchen in ganz Süddeutschland. Ihnen gelingt auch das absolute Kleinod, die heute weltberühmte Klosterbibliothek.

Waldsassens Blüte aber stirbt schnell und radikal durch die allgemeine Klosteraufhebung 1803. Ein zweites Mal hatten die Wittelsbacher zugeschlagen. Ein damaliges Menschenalter, 62 Jahre, dauert es, bis wieder Zisterzienser einziehen, diesmal Nonnen. Dabei bleibt es bis heute.

Im Stiftland sind sie ein Gsatzerl gottbefohlener als in manch anderer Gegend Bayerns. Zuviel ist hier über die Jahrhunderte hinweg passiert. Zuletzt im KZ im nahen Flossenbürg, wo die Folterknechte der Nazis wüteten. Und dann ist da noch Konnersreuth, sechs Kilometer von Waldsassen entfernt. In der Nacht vom 4. auf den 5. März 1926 hat die damals 28jährige Bauernmagd Therese Neumann in einer Vision die Leidensgeschichte Jesu miterlebt. Bei der Resl von Konnersreuth, wie man sie fortan genannt hatte, wurden blutende äußere Wundmale im Herzbereich und später an Händen und Füßen als sogenannte Stigmatisierungen festgestellt. In Konnersreuth glauben sie fest daran, dass der bayerische Papst die Resl alsbald selig sprechen wird. Der Rummel wird gewaltig sein und man wird an das Getöse im Papst-Geburtsort Marktl am Inn erinnert werden. Wahrscheinlich kommt dann den Nonnen von Waldsassen die Gründungslegende und die Worte Johannes des Evangelisten über den heiligen Ort im Stiftland wieder in den Sinn: „Hier wird der göttliche Dienst, solange der Wandel der streitenden Kirche Gott gefällt, niemals aufhören .. .“

Die Charme-Offensive der attraktiven Äbtissin

Die Zisterzienserinnen von Waldsassen brauchen Geld für ihr Kulturprojekt

Seltsame Zeiten sind das: Der katholischen Kirche fehlt in diesem Land an allen Ecken und Enden das geeignete Personal für Gottesdienst und Seelsorge mit der Folge, dass es viele Pfarrgemeinden nur noch auf dem Papier gibt. Und dann begegnet man einer Frau, die, wäre sie katholische Priesterin, unter Garantie ständig „full house“ hätte, die Gemeinde zum Blühen brächte und gewiss ein noch größerer Segen für die Kirche wäre. All das geht aber nicht, weil die Amtskirche bis heute am Defectus Naturae, an der gegenüber dem Manne angeblich fehlerhaften Natur der Frau festhält. Aber für besagte Frau, die Mutter Äbtissin Laetitia Fech, Chefin des Zisterzienserinnen-Klosters Waldsassen in der Oberpfalz sind das gegenwärtig alles keine Themen. Zunächst ist vor allem wichtig, dass Ministerpräsident Edmund Stoiber sein Versprechen einhält: „Der Bayerische Staat wird das Kloster Waldsassen nicht im Stich lassen.“ Es geht um dringend benötigte 1,1 Millionen Euro zum Bau eines Gästehauses für das Kultur- und Begegnungszentrum Waldsassen.

Die Äbtissin mit den Nonnen im Klostergang – Paramentenstickerei

Beim Chorgebet – Auch im Alter sind die Schwestern wertvoll für die Gemeinschaft

Dem eher unzugänglichen Stoiber sind sonst Versprechen solcher Art nicht abzuringen. Aber in Waldsassen hatte der damalige Landesvater nicht den Hauch einer Chance. Er erlag bei seinem Besuch 2003 der, weltlich ausgedrückt, geballten Charme-Offensive der attraktiven Äbtissin. Die gebürtige Münchnerin, Jahrgang 1957, verkörpert eine Gnadengabe, die in der geistlichen Welt „Charisma“ genannt und nicht jedem Menschen zu Teil wird. Das mussten wohl auch ihre Mitschwestern so empfunden haben, die sie, wie in Klöstern seit Anbeginn üblich, in demokratischer Abstimmung 1995 zu ihrer Äbtissin gewählt hatten. Mit 38 Jahren war die Nonne seinerzeit die weltweit jüngste Äbtissin ihres Ordens. Ein Leben hinter Klostermauern war indes für sie keine von Anfang an beschlossene Sache. „Kein Mensch, auch meine Eltern nicht, konnten meine damalige Entscheidung verstehen, ins Kloster zu gehen,“ erzählt die Äbtissin und lächelt dabei verschmitzt, denn alle weltlichen Klischees sind erfüllt gewesen: Jung, hübsch, fröhlich, lebenslustig und ein geliebter Freund. „Es blieb dennoch eine gewisse Leere und das Gefühl, etwas zu suchen und es noch nicht gefunden zu haben.“ Der Ordnung halber sei festgehalten, dass die weltlichen Klischees in puncto jugendlich, hübsch und fröhlich immer noch gelten.

Dann macht die 19jährige ihre Gotteserfahrung, wie sie sagt. Von einem Augenblick auf den anderen. „Ich habe die große Liebe erfahren. Ich hatte Gott gefunden." Das sei nicht irgendeine x-beliebige Frömmigkeit oder gar Frömmelei. „Das ist eine ganz persönliche Du-Beziehung," beschreibt die Äbtissin ihre Nähe zum Göttlichen, denn kein Mensch könne ein Leben führen ohne eine Du-Beziehung. Was die Außenwelt in ihrer heutigen Verfassung möglicherweise als kindlich naiv abtut, benennt die Ordensfrau mit einer verblüffenden Klarheit: „Zu Jesus Christus habe ich diese Du-Beziehung, er ist mein Bräutigam. Und so schenke ich mich Gott und bekomme alles von ihm. Dem Herrgott kann ich mich aber nur schenken, wenn er mich zuerst gerufen hat." Wie es aussieht, hat Gott Schwester Laetitia Fech gerufen und sie hat geantwortet. Die Äbtissin fügt noch an, dass Liebe auch Leiden bedeute. „Das ist etwas, was die Welt heute nicht gerne hört, aber unser endliches Leben können wir nicht ohne Schmerz und Leid leben, das gehört zusammen."

Gegenüber der Außenwelt wollen die zwölf Zisterzienserinnen von Waldsassen keine fromme Fassade aufbauen, so die Klosterchefin: „Wir wollen echt, konsequent und klar leben." Das schönste Zeugnis für sie als Ordenschristen sei, wenn die Leute sagen: „Ihr seid ja ganz normale Menschen." So ganz normal nicht. Die Nonnen haben neben dem Armuts- und Keuschheitsgelübde auch das des Gehorsams abgelegt. Gehorsam. Mit dem Wort gibt's draußen Probleme. Gehorsam im Kloster geht so, wie die Chefin erklärt: „Aufeinander hören, versuchen, zu verstehen und zu erkennen. Das ist jeden Tag ein neuer Anspruch. Außerdem sollen die Mitschwestern glauben, dass auch durch den Oberen, die Äbtissin, Gott spricht." Ihre erste Erfahrung in Fragen des Gehorsams hat die Äbtissin kurz nach ihrem Klostereintritt gemacht. Sie wurde gebeten, sich an der Stickerei von sogenannten Paramenten, den prächtigen feierlichen Messgewändern und den Kirchenfahnen, zu beteiligen. Ihren Einwand, das könne sie nicht, sie sei Hauswirtschaftsmeisterin, ließ man nicht gelten. Sie solle es versuchen. „Ich hab's probiert. Später konnte ich dann dank des Klosters in München Kunst studieren." Durch den Gehorsamsakt habe sie die künstlerische Ader in sich entdeckt, von der sie nichts wusste. In der Außenwelt herrsche ja auch Gehorsam, auch wenn das ihrer Meinung nach nicht so heißt. „Das Zusammenstehen der Arbeitnehmer in einem Betrieb, die Solidarität untereinander, das Aufeinander-Hören, das ist Gehorsam."

Und da sind noch die unschätzbaren Kostbarkeiten im Kloster, die Äbtissin Laetitia sehr wichtig sind. „Es sind unsere alten Schwestern, die mit uns in der Gemeinschaft leben und uns zeigen, dass Leben glücken kann." Sie mögen krank sein und keine Leistung mehr bringen, aber sie seien wertvoll und kostbar. Die Klosterchefin sieht die Gefahr, dass auch Nonnen und Mönche sich heutzutage in den Klöstern mehr als erforderlich über ihre Arbeitskraft definieren. Dabei gehe es vielmehr um den Wert des Menschen mit seiner Berufung, seinen Fähigkeiten zu innerer Andacht und Gottesnähe, zum geistlichen Leben im Gebet auch für andere. Übrigens: Wer nicht mehr die richtigen Worte zum persönlichen Gebet findet, der kann per E-Mail in Waldsassen beten lassen (http://www.abtei-waldsassen.de, dann „Abtei" und schließlich „Quelle d. Glaubens" anklicken). So stellen die Nonnen immer wieder fest, wie empfindsam Menschen werden, wenn sie ihnen sagen: „‚Wir beten für Sie'. Da werden die Augen groß."

Die Zisterzienser sind im Grunde ein von der Außenwelt abgewandter, kontemplativer Orden (lateinisch *Contemplatio*: Betrachtung. Bedeutung hier: sich dem in jedem Menschen wohnenden göttlich heiligen Geist intensiv zuwenden). Und sie fühlen sich schon ein wenig jenseitsbezogen. Daher ihr Motto: „Wir leben in dieser Welt, sind aber nicht von dieser Welt." Dafür sind

Kochenlernen gehört auch zum Schulunterricht.

die Nonnen von Waldsassen noch ziemlich diesseitig. Sie betreiben eine Mädchen-Realschule mit 430 Schülerinnen, die sich, wie viele Klosterschulen im Land, immer größerer Beliebtheit erfreut. Die Äbtissin nennt die Gründe: „Wir vermitteln den jungen Menschen Sinn- und Wertebildung, Sozialverhalten und sensibilisieren sie für die Bewahrung der Schöpfung und für den achtsamen Umgang mit der Umwelt." Die Nonnen haben dazu eine florierende Umweltbildungseinrichtung ins Leben gerufen, die 2004 als „Umweltstation" den Segen der bayerischen Staatsregierung bekommen hat.

Schließlich das Lebenswerk der Äbtissin und ihrer Gemeinschaft: Da ist zum einen die Generalsanierung des berühmten Klosters, was auch die Welt draußen vor der Klosterpforte als ein „Wunder der Wiedergeburt" bezeichnet, nachdem der Abteikomplex in den 90er Jahren beinahe in sich zusammengefallen wäre. Und da ist zum anderen der Aufbau des erwähnten Kultur- und Begegnungszentrums, damit das Kloster die selbstgestellten Zukunftsaufgaben anpacken kann, ganz im Sinn des Heiligen Benedikt, nach dessen Regel der Zisterzienser-Orden lebt und seines Leitspruchs „ora et labora" (bete und arbeite): Bewahrung der Schöpfung („labora"), Sinnvermittlung für suchende Menschen („ora"), Verständigung und Ver-

Äbtissin Laetitia Fech vor dem Modell des Kultur- und Begegnungszentrums

söhnung. Dafür brauchen die Zisterzienserinnen natürlich ein Gästehaus. Gebraucht wird deshalb auch der Ministerpräsident Stoiber und sein Versprechen, sich um die Öffnung der Geldquellen zu kümmern. Im Gegenzug werden die Äbtissin und ihre Mitschwestern für den Landesvater beten, der vor lauter Regieren, Aktenstudium und sich auf München wie auf Berlin besinnen vielleicht nur noch zum Nachtgebet kommt. Sollte die Einlösung des Versprechens auf sich warten lassen, wird die charismatische Klosterchefin Edmund Stoiber gewiss bald wieder tief in die Augen schauen.

Zisterzienserinnen-Abtei Waldsassen

Adresse:
Basilikaplatz 2, 95652 Waldsassen (Landkreis Tirschenreuth, Oberpfalz)
Tel.: 09632-9200-0, Fax: 09632-9200-33
Email: aebtissin_laetitia@abtei-waldsassen.de
Internet: www.abtei-waldsassen.de

Klostergründung:
1133 als Stiftung des Markgrafen Diepold
Derzeitige Klosterchefin: Äbtissin M. Laetitia Fech.

Anfahrt:
Über die A 93 Regensburg-Hof, Ausfahrt Mitterteich-Süd, per Bahn: Bahnlinie München-Berlin, Bahnhof Wiesau, Bahnline Nürnberg-Hof, Bahnhof Marktredwitz, Abholung nach Vereinbarung, Telefon Bus: 09638/9111-0

Tätigkeiten des Klosters:
Schul- und Erwachsenenbildung, Paramentenstickerei (= Messgewänder und Kirchenfahnen), Gregorianischer Gesang, Herstellung von Klosterlikör, Fremdenführungen.

Einrichtungen und Angebote:
Mädchen-Realschule (Internet: www.mrs-waldsassen.de); Kultur- und Begegnungszentrum (u. a. Programm, Internet: www.kubz.de/kubz/kubz.html); für Mädchen und Frauen: „Tage der Stille" und „Kloster auf Zeit". Anmeldung unter Telefon 09632/9200-31, Priorin S. Mechthild Hohenberger oder Tel.: 09632/9200-24, Äbtissin M. Laetitia Fech, Fax: 09632/9200-28, Email: s. Adresse; Gebetsdienst (siehe Internet unter „Abtei" und dann „Quellen des Glaubens"); Klosterladen mit reichhaltigem Angebot (u.a. CD mit Gregorianischen Gesängen aus der Abtei Waldsassen).

Besonderheiten:
Herrliche Lage der Abtei in der Altstadt von Waldsassen; weltberühmte Bibliothek (Öffnungszeiten: Wochentage: 10:00 - 12:00 Uhr, 14:00 - 16:45 Uhr, Montag Vormittag geschlossen; Sonn- und Feiertage: 10:00 - 12:00 Uhr, 14:00 - 16:45 Uhr, Winterzeit (1. November bis 1. April):täglich 13:00 - 16:00 Uhr. Eintritt: Erwachsene 2,50 EUR, Gruppe ab 20 Personen 1,50 EUR/Person, Schüler ab 16 Jahre/Schwerbehinderte 1,50 EUR. Anmeldung für Führungen und Gruppen unter: Tel. 09632/92 00-0, Klosterpforte); prächtige Katakombenheilige in Glassärgen in der Klosterkirche; einmaliger Naturerlebnis-Garten im klösterlichen Kultur- und Begegnungszentrum.

Gastronomisches und touristisches Angebot:
Stadt Waldsassen siehe Internet www.waldsassen.de; Landkreis Tirschenreuth siehe Internet http://www.kreis-tir.de; Radwanderweg „Grünes Dach" in der bayerisch-tschechischen Grenzregion; in der Nähe (ca. 30 km) die tschechische Grenzstadt Cheb (deutsch: Eger, nähere Infos Internet: www.mestocheb.cz/d_index.asp).

Schicksalskloster am Donaustrand

Bayerns Geschichte und die Abtei Weltenburg sind eins – die Tassilo-Tragödie

Wild aussehende Gesellen müssen das gewesen sein, die sich da allein oder in kleinen Gruppen entlang der Donau ostwärts Wege durch die Wildnis bahnten. Wer sie traf, erschrak schier zu Tode, weil sie aussahen wie Höllengeschöpfe. Man erzählte sich, sie seien am ganzen Körper tätowiert gewesen, sogar an den Ober- und Unterlidern der Augen. Sommers wie winters gingen sie barfuß in langem, grob gewebtem Gewand mit merkwürdig spitz aufragender Kapuze als einzigem Wetterschutz. Es hieß, sie stammten von Inseln im Meer weit im Westen. Kurzum: Iroschottische Mönche waren gut 500 Jahre nach Christi Geburt ins Land des späteren Bayernvolks gekommen, um die Eingeborenen zum Glauben an nur noch den einen Gott zu bekehren. Sie kamen dabei an einen Ort, wo sich auch heute noch kein vernünftiger Mensch auf Dauer niederlassen würde: an die Weltenburger Enge.

So um das Jahr 600 herum tauchten der Überlieferung nach die Herren Eustasius und Agilus aus der Mönchsgemeinschaft des Iren Kolumban bei den gewaltigen Felswänden auf, durch die sich die Donau bis zum heutigen Tag zwängen muss. Die beiden einzigen Hinweise auf menschliche Existenz müssen wohl die Reste eines römischen Wachtposten der ehemaligen 3. Italischen Legion und daneben ein verfallener Tempel der Minerva, der römischen Göttin der Weisheit, oberhalb der 40 Meter hohen Felsen gewesen sein. Dort oben also, auf dem heutigen Frauenfels, direkt über dem Donaudurchbruch, sollen die beiden Gottesmänner ihr Kloster, das heute älteste in Bayern, auf römischem Überbleibsel gegründet haben. 200 Jahre später hat angeblich der fromme Bayern-Herzog Tassilo III. das mittlerweile von Benediktinermönchen besiedelte Kloster hinunter an den schmalen Uferstreifen direkt am Fluss verlegen lassen. Allerhöchstes Gottvertrauen hat seitdem Generationen von Mönchen leben, besser gesagt, überleben lassen.

St. Georg, der Patron des Klosters Weltenburg, ein Meisterwerk von Egid Quirin Asam

Benediktiner, OSB

OSB = Ordo Sancti Benedicti, Orden des heiligen Benedikt

Ordensgründer: Der Italiener Benedikt von Nursia (seit 1964 Patron Europas).
Ordensgründung: 529 n. Chr im Kloster Monte Cassino. Ordensregel „ora et labora“ (bete und arbeite), bestimmend für nahezu alle abendländischen Orden.
Ordenstracht (lat. Habitus): schwarze Tunika (in der Antike übliches Untergewand) mit einem Zingulum (lat. Gürtel) in der Hüfte gebunden, zwei weiße Kragenspitzen, darüber schwarzes Skapulier (= fast bodenlanger Überwurf) mit Kukulle (= Kapuze mit Schulterkragen) und schwarze Flocke (= mantelähnliches Überkleid, Sandalen im Sommer, Schuhwerk im Winter.
In Bayern derzeit 14 Männer- und 7 Frauenklöster.

Hier muss nun unbedingt eine herzzerreißende Weltenburger Legende eingeflochten werden. Zunächst die überlieferte und belegte Vorgeschichte: Jener Tassilo wollte die Unabhängigkeit Bayerns durch einen Pakt mit den Langobarden in Oberitalien bewahren – gegen den übermächtigen Karl den Großen, dessen Gerichtsbarkeit den Bayernherzog deshalb wegen Verrats zum Tod verurteilte. Der Franke begnadigte ihn später, ließ ihn aber blenden und in ein Kloster verbannen. Tassilos Frau und Kinder kamen ebenfalls in Klöster. Hier setzt die Legende an: Das Kloster hieß Weltenburg. Eines Tages kam der Kaiser zu Besuch. Beim Gastmahl fiel ihm ein blinder Mönch auf und er wollte dessen Namen wissen. Der Weltenburger Abt antwortete, jener habe bei der Aufnahme ins Kloster einen Brief folgenden Inhalts bei sich getragen: „Fraget nie nach seinem Namen, erbaut euch nur an seinen Tugenden!“

Der große Karl fühlte sich seltsam angerührt. Schlaflos um Mitternacht wurde er des blinden Mönchs gewahr, der sich in die Klosterkirche tastete. Der Kaiser folgte ihm, sah ihn am Altar niederknien und hörte ihn beten: „Allmächtiger Gott, verzeihe meinem Feinde Karl, was er mir, meinem Weibe, meinen Söhnen und Töchtern angetan. Hilf uns unser Schicksal tragen! Schütze mein Bayernland und gib Kaiser Karl die Kraft, es gut zu regieren!“ Karl erschrak zutiefst, da er in dem Mönch den Bayernherzog erkannte. Erschüttert trat er an Tassilo heran und bat ihn um Vergebung. Der entgegnete in großem Schmerz: „Alles hast du mir genommen! Doch eines hast du mir gegeben: den Seelenfrieden. Regiere du mein Land; mich aber lass in Gottes Frieden sterben!“ In der Nacht des 11. Dezember, vermutlich 796, starb Tassilo. Seither erscheint stets am 11. Dezember nachts der unendlich traurige Herzog und wahrscheinlich der erste, wirklich glühende Patriot dieses Bayernlandes vor dem Altar der Klosterkirche zu Weltenburg und betet inständig für Land und Volk der Bayern.

Das Kloster Weltenburg – eine bayerisch-mönchische Tragödie? Nur wenige andere Klöster in Bayern wurden von den Stürmen der Geschichte und von inneren Krisen derart gebeutelt wie dieses Haus der Benediktiner am Donaustrand. Obwohl die Startbedingungen ganz ausgezeichnet waren. 200 Jahre nach Gründung stand Weltenburg auf der exklusiven Liste der Reichsklöster, die direkt dem Kaiser unterstanden und große Vorteile hatten: Unabhängigkeit gegenüber den Fürsten, das Recht zum Gebietserwerb samt Regierungsgewalt und zumindest die

Fast schon Gewohnheit: Immer wieder bedroht das Hochwasser der Donau die Klostergebäude.

niedere Gerichtsbarkeit. Gegen die Überfälle der Ungarn Ende des 1. Jahrtausends half das jedoch alles nichts und gegen schlechtes Wirtschaften und Disziplinlosigkeit innerhalb der Mönchsgemeinschaft schon gleich gar nicht. In den folgenden Jahrhunderten drohte das Kloster mehrmals unterzugehen: mal durch große finanzielle Not, als Folge der Misswirtschaft der Mönche oder durch die Unbilden der Zeit, mal durch Brandschatzung und Plünderung, zuletzt durch die Schweden, mal in den Wassermassen der Donau, die oft und oft mit vernichtender Gewalt über die Klostermauern kamen.

Andererseits: Was Weltenburg über die Jahrhunderte hinweg an Größe und Glanz für das Benediktinertum und insbesondere für die bayerische Kultur beizusteuern vermochte, ist unschätzbar. Da sei zunächst genannt ein Kulturgut, um das Bayern in der ganzen Welt – noch – beneidet wird: das Bier, insbesondere das Klosterbier. Spätestens seit 1050 brauten die Mönche am Fluss den Gerstensaft. Die Genehmigung mussten sie sich allerdings von Rom erteilen lassen. Der Papst wollte nämlich genau wissen, was diese Mönche am Ufer der Donau da an Flüssigem zu sich nähmen, insbesondere während des strengen klösterlichen Fastens, das länger dauerte als die weltliche Fastenzeit. So wurde eine „Kostung" angeordnet. Dazu mussten die Benediktiner ein probehalber gebrautes Bier in einem Faß auf die lange Reise über die Alpen in die Ewige Stadt bringen. In Rom angekommen, war das Haltbarkeitsdatum längst abgelaufen. Das Gebräu stank, war sauer, also ungenießbar geworden. Im Vatikan befand man, wer so etwas trinke, tue genug Buße. Daher er-

Der Ausschnitt aus dem Deckenfresko zeigt den hl. Benedikt und die hl. Scholastika. Gezeichnet ist das Gemälde: Cosmas Damian Asam, Pictor et Architectus (Maler und Architekt).

laubte der Papst den bayerischen Mönchen als ersten in der damaligen Welt das Bierbrauen im Kloster. Von da an versorgten sich die Brüder mit dem flüssigen Brot als ganzjährige Fastenspeise. Dem Weltenburger Vorbild folgten bald viele Klöster und Orden auf dem ganzen Kontinent.

Im Produzieren von geistig-kultureller Nahrung waren die Klosterleute ebenso emsig wie erfolgreich. Unter den Mönchen fanden sich angesehene Komponisten, die der geistlichen Musik wichtige Impulse gaben. Der hochbegabte Pater Benno Grüber machte mit Vertonungen von Theaterstücken bis in die Residenzstadt München von sich reden. Im ganzen Bayernland wurden die erfolgreichen Lehrmethoden der klösterlichen Lateinschule gerühmt, die sich des Zulaufs an Schülern kaum erwehren konnte. Schließlich der weltweit bewunderte Kloster- und vor allem der Kirchenbau, dessen Inneres an künstlerischer Gestaltung unübertroffen ist. In den Hunderten von Jahren hatten dem vormaligen gotischen Klosterkomplex Kriege mit Plünderung und Zerstörung, die vielen Überschwemmungen und der Eisgang derart zugesetzt, dass das weitere Leben der Mönche zu Beginn des 18. Jahrhunderts auf das Höchste gefährdet war. Kirche und Kloster drohten einzustürzen. Ausgerechnet die kaiserlichen Stellen in München – Bayern war nach der Niederlage im spanischen Erbfolgekrieg von den damals verhassten Habsburgern besetzt – sagten auf Ersuchen der Mönche volle Unterstützung beim Neubau zu. Die ungewöhnlich wohlwollende Behandlung eines bayerischen Klosters mag damit zu tun gehabt haben, dass daheim im Österreichischen die Benediktiner der Lieblingsorden des Kaiserhauses in Wien waren. Treibende Kraft in Weltenburg war der damalige Abt Maurus Bächel, dem das Kloster die Rettung vor dem Verfall und seinen heutigen Ruhm verdankt. Ab 1716 legte am Donaudurchbruch dann ein Brüderpaar los, das mit dem Weltenburger Neubau eine glorreiche Karriere startete und durch seine Kirchenbaukunst Bayern zu einem vielbewunderten barocken Jubelland machte: Der Architekt und Maler Cosmas Damian Asam mit seinem Bruder Egid Quirin Asam, Stuckateur und Bildhauer, beide aus Benediktbeuern gebürtig und beide fortan gefeierte Hausbaumeister der bayerischen Benediktiner. So entstand neben der urgewaltigen und oft so tobend-zerstörerischen Donau auf dem Uferstreifen feingliedrig und eher zerbrechlich die schönste Kirche des weißblauen Hockbarocks, dazu ein schön komponierter Klosterbau, den der zu seiner Zeit hochangesehene Franziskanermönch Philipp Plank als Baumeister schuf. Gleich daneben die neue Brauerei, die Klosterschänke und reichlich Platz für einen Biergarten. Kloster samt Kirche, Brauerei, Gasthaus – in Altbayern ist das die innigste Dreifaltigkeit auf Erden, die man sich vorstellen kann.

1735 war das barocke Wunder vollbracht. Aber nur ein Menschenalter lang hatten Kloster und Außenwelt Freude am dem Schmuckstück. Denn ab dem Jahr 1800 wurde das Kloster Weltenburg scheibchenweise vom pfälzisch-wittelsbachischen Kurfürsten Maximilian IV. Joseph ausgeräumt, aufgelöst und versteigert: Zuerst das Kirchensilber, dann sogar zwei der vier Glocken, 1803 schließlich das Kloster. Mit dem letzten Glockenschlag zu Mitternacht des 19. Oktober 1803, so steht es in der Klosterchronik zu lesen, verließ als Letzter der Abt Benedikt Werner allein auf einem Reisewagen, gezogen von zwei bei der Versteigerung übrig gebliebenen Klosterpferden die Abtei. So endete die Geschichte des damals über 1.200 Jahre alten Klosters abermals tragisch – und begann 39 Jahre später neu mit den Mönchen aus dem donauabwärts gelegenen Metten bei Deggendorf, die Bayern-König Ludwig I. mit der Wiedergründung beauftragt hatte. So ist es nicht verkehrt, Parallelen zwischen Weltenburg und dem mächtigen Fluss zu ziehen: Bayerns ältestes Kloster hat sich nämlich schicksalsmäßig längst dem Auf und Ab der Donaufluten angepasst.

Die bayerische Dreifaltigkeit

Kloster, Brauerei und Lebenssinn: Die Weltenburger Abtei in postmodernen Zeiten

Woher kommt denn nun das beste Bier der Welt? Was für eine Frage. Natürlich aus einer Klosterbrauerei und die steht selbstverständlich im Lande Bayern. Im April 2004 wurde beim World Beer Cup im US-amerikanischen San Diego in der Kategorie „European-Style Dark“ das Dunkle aus der Klosterbrauerei Weltenburg zum besten Bier der Welt gewählt. Ist ja auch höchste Zeit geworden, sagen viele, die mit Weltenburg eine gepflegte Halbe in der Klosterschänke oder – noch besser – im prächtigen Biergarten verbinden. Dass gleich neben dem Touristenrummel leibhaftige Mönche beten und arbeiten, kommt den meisten Besuchern gar nicht in den Sinn. Wahrgenommen wird das dazugehörige Benediktinerkloster erst, wenn auch die Donau in den Biergarten will. Bei Hochwasser ergeben sich dann spektakuläre Szenen mit Mönchen, wie sie in ihren Kutten Sandsäcke schleppen. Die Benediktinerabtei zum Heiligen Georg zu Weltenburg gehört zu den Klöstern in Bayern, die wegen ihrer traumhaften Lage, der schönen Kirchenbauten und einer bodenständigen Gastronomie zu den Top-Adressen im weiß-blauen Tourismus-Geschäft gehören. Dafür danken die Benediktiner jeden Tag dem Herrgott, weil sie dieses Geschäft erhält.

Das Leben auf dem Uferstreifen neben dem großen Fluss ist bestens und exakt geregelt. Täglich um 11 Uhr, wenn das erste Schiff aus Kelheim gekommen ist, geht der Trubel so richtig los. Spätestens um 19 Uhr verlässt das letzte Schiff Weltenburg, danach schließt die Klosterschänke und dann wird's ruhig. Die Saison beginnt, von den Mönchen so festgelegt, ab Ostern und endet an Allerheiligen. Wenn der unberechenbare Fluss es zulässt, besuchen im Schnitt über 500.000 Menschen Jahr für Jahr den wunderbaren Platz am Donaudurchbruch – Tendenz steigend. Kann sein, dass Weltenburg bald ins Programm „Europe in Eight Days" von US-amerikanischen und japanischen Reiseunternehmen aufrückt, weil halt andere Plätze nicht mehr so sicher sind. Den Mönchen kann es nur recht sein. Zuweilen sind sie in ihren schwarzen Kutten selbst wandelnde Touristenattraktionen. Mit Merkwürdigkeiten haben sie auch zu leben, etwa dann, wenn Abt Thomas M. Freihart, gewandet in seinen Habit mit dem Abtkreuz deutlich sichtbar vor der Brust, gefragt wird, ob es denn hier noch Mönche gebe.

Etwas für Biologen: Die Donau-Kahnschnecke (Theodoxus danubialis) gibt es nur noch bei Weltenburg.

Zu der halben Million Besucher pro Jahr kommen noch einmal 25.000, die nicht allein nur das beste Bier der Welt trinken wollen. Sie haben 45 Minuten Führungszeit gebucht und lernen eine der schönsten Barockkirchen kennen, die es gibt. Angemeldeten Gruppen bringen die Mönche höchstpersönlich ihre Klosterkirche nahe, diesen hochbarocken Jubelbau der berühmten Gebrüder Asam. Deren Meisterwerk macht es den Benediktinern leicht, dem Publikum mehr als die grandiosen Feinheiten der Baukunst, der Stuckaturen und der Malerei zu vermitteln. Schließlich gehen ja nicht nur tiefgläubige Katholiken auf Besichtigungstour. „Über das Vehikel ‚Asamkirche'", so weiß Abt Thomas, „lässt sich auch der Hintergrund des Glaubens, der Religion vermitteln." Gleich missionieren will der Abt nicht, aber die steingewordene Genialität der Asam-Brüder möchte er schon nutzen: „Über die Wirkung dieses Raumes erreicht man Menschen mit einer gewissen Offenheit." Die Mönche können aber ganz schnell ernüchtert werden, wenn zu den sehr ungewöhnlichen Beichtstühlen aus Weltenburger Marmor Fragen kommen wie diese: „Sagen Sie, was haben Sie denn hier für Sauna-Kabinen?" Sei's drum. Der Klosterchef, übrigens 1998 als 38jähriger zum 70. Abt des ältesten Klosters im Bayernland gewählt, sagt trotz seiner Jugend ganz weise, dass man ja auf jeden Fall dem Auftrag der Katechese, der Unterweisung im Glauben, nachkomme: „Wir erreichen die Menschen." Und er sagt auch: „Von den Menschen leben wir; wir müssen auch von ihnen leben."

Der hl. Benedikt weist den Benediktinern den Weg.

Mit dem Abt sind 17 Mönche in Weltenburg tagtäglich zwischen dem Erreichen der Menschen und dem Erreichen von Gott unterwegs: Seelsorge und Gotteslob, daran hat sich seit der Klostergründung um 600 nach Christi rein gar nichts geändert. Die Anziehungskraft des Klosters auf Suchende, die meinen, über Bier und Asam hinaus gebe es noch weitaus Höheres, liegt gewiss auch an der unvergleichlichen Lage. Wem es nicht gegeben ist, in tiefem Gottvertrauen – zum Beispiel bei Hochwasser – zu leben, der geht hier sicher nicht ins Kloster. Möglicherweise spielt ja der Kick des Unberechenbaren direkt vor der Klosterpforte in einer Welt der ständigen Berechnung und des Kalkulierbaren eine große Rolle. Da korrigiert Abt Thomas aber: „So viele Mönche es gibt, so viele Wege ins Kloster gibt es." Da gibt ihm die Geschichte eines Mitbruders Recht, der sich einen Klosterführer von Weltenburg gekauft hatte, danach Politologie studierte und als 27-Jähriger in das uralte Kloster eintrat. Priester musste er deswegen nicht werden. Genau betrachtet sind die Benediktiner ein Orden von Laien, also kein Priesterorden wie etwa die Prämonstratenser donauabwärts in Windberg (Kreis Straubing-Bogen). Sie müssen keine Priestermönche sein, sind allerdings ausreichend gebildet und geschult im Lob Gottes, um Klartext über den Glauben reden zu können. Die Priesterweihe macht bei den Benediktinern zwar aus dem Frater (Bruder) einen Pater (Vater). Dreh- und Angelpunkt für den Orden aber ist die Mönchsgemeinschaft, die nach dem Allmächtigen sucht und die betet, zu Gott und für die Welt – übrigens auch für den Ungläubigsten, der viele Halbe Weltenburger Dunkel hinunterrauschen lässt, ohne dass ihm danach die Erleuchtung käme.

Der Ordensgründer Benedikt hat die Kombination aus Beten und Arbeiten zur Grundregel gemacht. Das Arbeitsfeld der Weltenburger Klosterbrüder ist weit, denn

Selbst Topmanager begnügen sich mit einem kleinen Zimmer, um zur Besinnung zu kommen.

Benediktiner sollen im Idealfall Kopf- und Handarbeiter sein. Allerdings: Zu weit dürfen die Arbeitsfelder auch nicht sein, denn die Gemeinschaft muss gesichert bleiben. Als warnendes Beispiel gilt da die Situation der Benediktiner in Österreich. Im Nachbarland war die Säkularisierung (Trennung von Kirche und Staat mit der Folge von Klosterauflösungen) zu Beginn des 19. Jahrhunderts längst nicht so radikal durchgezogen worden wie etwa in Bayern mit dem Auslöschen des klösterlichen Lebens. Die vielen Pfarreien, die insbesondere zu einem Benediktinerkloster gehörten, sind den Mönchen in Österreich geblieben. Dadurch werden die Klostergemeinschaften auseinandergerissen, weil die Priestermönche natürlich bei ihren Schäfchen sind. Trotzdem betreuen die Weltenburger Benediktiner vier Pfarreien rund ums Kloster. Die Mönchspriester kehren aber jeden Tag wieder in die Abtei zurück. „Als Priester gehen wir natürlich in die Gemeinden, wir können die Seelsorge aber nicht noch weiter ausdehnen," gibt der Abt zu bedenken. Angesichts des gewaltigen Priestermangels kommen die Klöster jedoch immer mehr in die Zwickmühle. Den Weltenburger Mönchen aber ist es gegenwärtig wichtiger, den gefährlichen Ort am Donaustrand als geistliches Zentrum für Suchende zu sichern. „Wir wollen da sein für die Menschen," sagt Abt Thomas, schränkt aber ein, dass das Touristisch-Marktschreierische nicht die Art der Ordensleute sei.

Gleichwohl ist die Gastfreundschaft ein wichtiger Bestandteil des benediktinischen Lebens, siehe Kapitel 53 der Ordensregel, wonach der Gast aufgenommen werden solle wie Christus. Sollte die Gastfreundschaft beschränkt bleiben auf die Klosterschänke und einen preiswerten Schweinsbraten mit Bier aus der Klosterbrauerei, dann hat der Besucher wenigstens einen Hauch dieser heiligen Dreifaltigkeit aus Kloster, Kirche, Brauerei und Gastwirtschaft verspüren können. Genauso prächtig bewirtet werden selbstverständlich auch die Leute, die weiter hinein in dieses geistliche Zentrum wollen. In der klösterlichen Begegnungsstätte St. Georg etwa oder in der Heimvolkshochschule Weltenburg lassen die Mönche ihre Gäste teilnehmen am Rhythmus des Alltags im Kloster. Und das wollen immer mehr aus der Außenwelt. Der Abt kennt die Beweggründe: „Viele Menschen sind aus der Bahn geworfen, weil es keine Ordnung mehr gibt, die dem inneren Gleichgewicht dient." Topmanager weltweit aktiver Riesenkonzerne zum Beispiel tauschen Fünf-Sterne-Suiten gegen ein kleines Zimmer mit schmalem

Bett und Nasszelle. Dabei kommen sie ins Nachdenken, wie der Klosterchef weiß: „Gibt es eine andere Ebene als nur die eines Fünf-Milliarden-Umsatzes?“ werde gefragt. Es kämen auch Fragen wie: „Was brauche ich eigentlich wirklich?“ Zum Beispiel das Bild vom Fließen der Mini-Donau, die sich durch das Informationszentrum des Klosters in einem ehemaligen Bierkeller der Brauerei schlängelt. Dieses Bild macht andächtig und demütig vor Gott und der Schöpfung, die ihm halt in Weltenburg besonders gut gelungen ist.

Benediktinerabtei Weltenburg

Adresse:
Benediktinerabtei zum Heiligen Georg, Weltenburg an der Donau, Asamstraße 32, 93309 Kelheim / Donau, Telefon 09441 / 204-0, Fax 09441 / 204-137, Email: abtei-weltenburg@t-online.de, Internet: www.areion.org/weltenburg/index.html

Klostergründung:
600 n. Chr.
Derzeitiger Klosterchef: Abt Thomas Maria Freihart

Anfahrt:
Über A 9 München-Nürnberg, Ausfahrt Denkendorf, A 93 Dreieck Holledau-Regensburg, Ausfahrt Abensberg, A 3 Passau-Nürnberg, Ausfahrt Riedenburg

Tätigkeiten des Klosters:
Seelsorge in verschiedenen Pfarreien, Erwachsenenbildung, Fremdenführung, Landwirtschaft, Brauerei.

Einrichtungen und Angebote:
Heimvolkshochschule (HVHS) der Weltenburger Akademie e. V. (Kontakt und Programm im Internet www.areion.org/weltenburg/hvhs.html),
Begegnungsstätte St. Georg mit Tagungsbetrieb (Information im Internet www.areion.org/weltenburg/gaestebetrieb.html), reichhaltiger Klosterladen (Internet www.areion.org/weltenburg/laden.html), Besucherinformationszentrum mit Mini-Donau (Internet www.areion.org/weltenburg/museum.html), berühmte Klosterbrauerei (Internet www.weltenburger.de, , Kirchenführungen (Anmeldungen bei Pater Leopold Lörnitzo, Telefon / Fax: 09441 / 5911 oder: 09441 / 204-143 oder -162).

Besonderheiten:
Atemberaubende Lage des Klosters am Donaudurchbruch, die wohl schönste Kirche der Gebrüder Asam, älteste Klosterbrauerei der Welt (1050, bestes dunkles Bier der Welt), einer der schönsten Biergärten Bayerns, Kahnfahrt durch die Weltenburger Enge mit Kahnführer Lorenz Donauer (Buchungen unter Tel. 09441 / 10189).

Gastronomisches und touristisches Angebot:
Berühmte Klosterschänke mit Biergarten (Internet www.klosterschenke-weltenburg.de, Reservierungen Tel.: 09441 / 3682, Fax: 09441 / 675726), Donauschiffahrt von Kelheim aus (Schifffahrt von Ostern bis Allerheiligen, Fahrpläne Internet www.areion.org/weltenburg/schiff.html, Reservierungen Internet www.schiffahrt-kelheim.de/linkliste.html), Wanderung im Naturschutzgebiet Weltenburger Enge (Europadiplom, Informationen Internet www.landkreis-kelheim.de/index.htm).

COMMUNITAET·CASTELLERRING·
SCHWANBERG

Luthers Nonnen

Evangelische Frauen haben im katholischen Kreis Kitzingen ein Kloster gegründet

Der kluge und so weitsichtige Martin Luther hat sich also doch geirrt. Noch 1517, kurz bevor er der Welt seine 95 Thesen präsentierte, tobte der Wortgewaltige: „Die Klöster sind nicht von der Art, dass sie ein Mittelding und etwas Gleichgültiges sein könnten, sondern sie sind geradezu ein aufgesperrter Höllenrachen, wenn die rechte Erkenntnis des Glaubens fehlt." Die fehlte nach Luthers fester Überzeugung ganz und gar, weshalb Nonnen und Mönche ihre Kutten an den Nagel zu hängen hätten. Selbstverständlich seien die Klöster als Quellen des Unglaubens sofort zu schließen. Nicht, dass sich der Meister im Grab herumdrehen sollte, aber: Sogar im erzkatholischen Bayern (58 % der Bevölkerung sind katholisch, 23 % evangelisch, Stand: 2005) gibt es – für die meisten kaum zu glauben – evangelische Klöster. Manche finden sich sogar in rabenschwarzen Gegenden. Und weil es auch bei den Lutherischen recht konservative Kirchenobere gibt, wird das Treiben der protestantischen Frauen- und Männergemeinschaften nicht immer frei von Misstrauen beäugt. Die bange Frage war und ist: „Um Gotteswillen! Die werden doch nicht katholisch werden?"

Das katholische Ordenswesen zu Beginn des 16. Jahrhunderts war dem ehemaligen Augustiner-Mönch Luther ein ziemlicher Dorn im Auge. Er geißelte das damals übliche, lockere Klosterleben. Vor allem jedoch prangerte er die kirchliche Lehre an, wonach Ordensleute durch ihr Gelübde (Armut, Ehelosigkeit, Gehorsam) einen höheren geistlichen Stand hätten als normale Christen durch die Taufe. Der Dominikanermönch Johann Tetzel war es dann, der Luther das Kraut vollends ausschüttete. Gedeckt durch Papst und Kirche betrieb der Mönch einen florierenden Ablasshandel. Ohne Beichte und Buße wurden Sünden gegen Geld er-

Ordensgründerin Christel Schmid

lassen. Ein Beispiel: Schuld und Sühne für einen Mord kaufte der geschäftstüchtige Dominikaner zum Preis von acht Golddukaten ab. Der Handelserlös ging nach Rom zum Papst, dem beim Bau der Peterskirche das Geld ausgegangen war, oder an deutsche Fürstbischöfe, die ihren aufwändigen Lebenswandel fremd finanzieren ließen und

Communität Casteller Ring (CCR)

Selbstständiger Frauenorden in der Evang.-Luth. Kirche

Gründungsort: Castell (Landkreis Kitzingen / Unterfranken)

CCR-Gründerin: Mater (= Mutter) Christel Schmidt; Ordenstracht (lat. Habitus): hellgraue, bodenlange Kutte mit Schalkragen.

Leben nach der Regel des hl. Benedikt in Gütergemeinschaft, Keuschheit und Gehorsam, vier Gebetszeiten am Tag

Tätigkeits-Schwerpunkte: Sozial- und Bildungsarbeit, Krankenhaus- und Gefangenenseelsorge, Theologie

Derzeit ca. 100 klösterliche Gemeinschaften (= Kommunitäten) und andere verbindliche geistliche Gemeinschaften in der Evangelischen Kirche in Deutschland mit weit über 1.000 Schwestern und Brüdern.

Im Innenhof des Schlosses auf dem Schwanberg

deshalb vor allem bei den Augsburger Fuggern tief in der Kreide standen.

Alles miteinander also gute Gründe für den Reformator Luther, klösterliches Leben aus der evangelischen Glaubenswelt auszuschließen. Schwarz auf weiß steht das übrigens in den Bekenntnisschriften der Protestanten zu lesen, zum Beispiel im „Augsburgischen Bekenntnis" von 1530 unter dem Artikel „Klostergelübde". Damals wurde mit den katholischen Klöstern und den dort herrschenden Missständen abgerechnet. Und dennoch: Heimlich, still und leise überlebten in Deutschland zwei Klöster alle Stürme der Geschichte, besonders den der Reformation, bis zum heutigen Tag. Es waren die beiden aus dem 12. Jahrhundert stammenden niedersächsischen Zisterzienserklöster Loccum und Amelungsborn. Deren Mönche waren zu Luthers Zeiten geschlossen zum evangelischen Glauben übergetreten, beteten und arbeiteten aber nach ihrem als katholische Ordensleute abgelegten Gelübde. Im Lande Bayern, das als Speerspitze der Gegenreformation nur noch katholischer wurde, war so etwas natürlich undenkbar. Genauso wenig können sich evangelische Christen im Freistaat vorstellen, dass es protestantische Nonnen und Mönche gibt. Denn für sie gilt die alte Faustregel: „Klöster gehören zur katholischen Welt." Seit Ende des II. Weltkriegs jedoch entstanden – und entstehen noch – in bayerischen Landen sogenannte Communitäten, wie Klöster auf evangelisch heißen.

Im unterfränkischen Landkreis Kitzingen, an der weinreichen Bocksbeutelstraße, endet der Steigerwald mit einem markanten Bergkegel, der die ganze Gegend beherrscht. Seit Urzeiten ist der Schwanberg für die Menschen heilig. Das Fürstengeschlecht derer von Castell-Rüdenhausen hatte sich dort oben mit einem Schloss verewigt, das 1957 eine Gruppe von Frauen und Mädchen pachtete. Sie unterzeichneten den Pachtvertrag mit dem seltsamen Namen „Pfadfinderinnen-Dienst e.V. Schloss Schwanberg." Die Gruppe stammte aus der nahen Ortschaft Castell. Dort war die 1950 gegründeten Zentrale des „Bundes christlicher Pfadfinderinnen in Bayern" zuhause. Aus dem Kreis der Pfadfinderinnen heraus, deren Organisation von den Nazis verboten worden war, hatten junge Frauen in Castell im Geheimen ein Nonnen-Leben in der Gemeinschaft und im täglichen, regelmäßigen Gebet begonnen. Wäre damals herausgekommen, dass sich innerhalb der evangelischen Landeskirche Bayerns klösterliche Elemente zu entwickeln beginnen, Kirchenvolk und Kirchenobere hätten mit lutherischer Wucht das „Pflänzchen" zertreten. Nonnen bei den Protestanten? Niemals, auch wenn man mittlerweile in der jungen Demokratie der Bundesrepublik Deutschland lebte. Deshalb blieb das Klosterleben im Geheimen, was die Frauen zeitweilig arg belastete.

Priorin Ursula Buske

Nach sieben Jahren und nach Abschluss des Pachtvertrages dann das „Coming Out". Es war gut vorbereitet. Vor Jahren hatte in aller Diskretion der Mönch Theophil Lamm aus der nahen Benediktinerabtei Münsterschwarzach den Frauen auf deren Anfrage hin bereits

das tägliche Leben im Kloster nahe gebracht. Die heimlichen Nonnen hatten sich dabei für die Regel des hl. Benedikt entschieden. Auf dieser Grundlage verfassten sie dann eine Gemeinschaftsordnung. Ja sogar ein Chorgewand, eine Kutte wurde entworfen. 1959 gab schließlich die evangelische Landeskirche den Frauen ihren Segen. Die Gemeinschaft auf dem Schwanberg nannte sich jetzt ganz offiziell nach ihrem heimlichen Gründungsort „Communität Casteller Ring (CCR)". Bald entstand ein eigenes Ordenshaus mit allem, was zu einem Kloster gehört: Zellen, Gemeinschaftsraum, Kapelle.

Protestanten reagierten erstaunt, aber auch mit Unverständnis darauf, dass sich die Frauen obendrein einen wesentlichen Punkt der

„Habe Deine Ruhe und komme zu Dir": Schwester Katharina, Bildungsreferentin des Klosters

Benediktregel zu eigen gemacht hatten: Das Gelübde der Armut, der Ehelosigkeit und des Gehorsams. Wenn das Luther wüsste – vor allem das mit dem Zölibat. Viele ahnten Schlimmes – manche tun das noch heute: Die evangelischen Nonnen „katholisieren" sich, wurde gezetert. Warum nicht? Die 1987 vom Münchner Architekten Alexander von Branca auf dem Schwanberg gebaute St. Michaelskirche ist im Vergleich zu den vielen und so faden evangelischen Gotteshäusern eine heilig-herzliche Spielfläche. Der Kirchenbaumeister aus München schuf Raum für die Festlichkeit des Gottesdienstes, den engherzige und hochmütige Lutherische gerne als katholisch-barocken Firlefanz abtun. Branca ließ Platz zum Erleben von Spiritualität, also von religiöser Sinnlichkeit, von der du gepackt und dem Göttlichen näher gebracht wirst. Im Vorraum der Klosterkirche entspringt zum Beispiel eine Quelle, die dich beim näheren Hinsehen mitnimmt für eine Zeit des Nachdenkens und Fühlens. Dieses Ewigkeitssymbol war schon den Kelten heilig, die den Schwanberg zum Sitz ihrer Gottheiten erklärt hatten.

Die frommen Frauen vom Schwanberg sind nicht die einzigen in der evangelischen Kirche Bayerns, die als protestantische Glaubensgemeinschaft zusammen leben. Luther rotiert wahrscheinlich im Grab, weil es mittlerweile sogar evangelische Marienschwesternschaften gibt und das ausgerechnet im Land der ehemaligen Gegenreformation. Hinter den brav-protestantischen Fassaden der hiesigen Landeskirche gehört beispielsweise als Synodale das „Eisenherz" Günther Beckstein zum Kreis der Entscheider. Er ist lutherischer Innenminister des katholischen Landesherrn Stoiber. Ob ein Beckstein die vielen evangelischen Klöster in

Bayern kennt, die sich weniger aus Gründen der Distanz zu den Katholiken sondern als Signal für einen Neuanfang „Communitäten" statt Klöster nennen?. Einzelne dieser Klöster haben heute größte Probleme mit ihrer bayerischen Landeskirche, weil sie als „Katholisierte" nicht gut angesehen sind. Die evangelischen Nonnen vom Schwanberg aber stehen mit bewundernswerter Gelassenheit über soviel Kleinmut und halten dagegen mit dem großen Reformator Luther, der da sagt: „Das Leben ist nicht ein Frommsein, sondern ein Frommwerden, nicht eine Gesundheit, sondern ein Gesundwerden, nicht ein Sein, sondern ein Werden, nicht eine Ruhe, sondern eine Übung. Wir sind's noch nicht, wir werden`s aber." Also, gemach, es wird schon werden.

Der Religionsfrieden auf Frankens Heiligem Berg

Evangelische Schwestern und katholische Brüder leben das Miteinander vor

Der radikale US-amerikanische Fernsehevangelist Pat Robertson hatte am 22. August 2005 in seinem Fernsehkanal zur besten Sendezeit zum Mord am Staatspräsidenten Venezuelas, dem katholisch getauften Hugo Chavez, aufgerufen. Grund: Dieser sei Kommunist und sein Land Ausgangspunkt des Terrors. Passieren wird nichts, da die meisten US-Amerikaner sowieso nicht wissen, wo Venezuela liegt. Der selbst ernannte Religionsführer mit Millionen von Anhängern hatte zwei Tage später wenig überzeugend

Oase des Friedens für Kinder und Jugendliche: das evangelische Kloster auf dem Schwanberg

versucht, den Mordaufruf abzumildern. Die Angelegenheit zeigt einmal mehr, dass Kriege, Mord und Totschlag unter den Menschen viel zu oft einen religiösen Hintergrund hatten und haben. Friede kommt immer dann ins Land, wenn Religionen miteinander friedlich umgehen. Dazu ein kleines, schönes Beispiel: Zwischen dem evangelischen Frauenkloster „Communität Casteller Ring“ auf dem heiligen Schwanberg im unterfränkischen Landkreis Kitzingen und dem katholischen Männerkloster der Benediktiner im nahen Münsterschwarzach herrscht seit über 50 Jahren himmlischer Frieden.

Man sieht sich, wenn das Wetter mitspielt, jederzeit: Die evangelischen Nonnen haben vom 472 Meter hohen Schwanberg aus Blickkontakt hinüber zu den Benediktinermönchen der Abtei Münsterschwarzach, die unten in der Mainebene liegt. Noch in der Nazizeit hatten Benediktiner im Verborgenen den späteren Nonnen beim Aufbau ihrer Gemeinschaft geholfen. Dass die Frauen nach der benediktinischen Regel leben, kommt deshalb nicht von ungefähr. Regelmäßig werden die Schwestern von ihren katholischen Brüdern ins Kloster eingeladen. Auch sind sie gern gesehene Gäste bei den Äbtissinnen-Konferenzen der deutschsprachigen Benediktinerinnenklöster. Mönche aus Münsterschwarzach geben ihr Wissen bei den vielen Veranstaltungen des Geistlichen Zentrums Schwanberg weiter, das die Nonnen auf dem heiligen Berg eingerichtet haben.

Das Miteinander der Konfessionen prägt sichtlich. Zu dem Zentrum gehört ein Jugendhof und dort spielt für die Kinder, Ju-

Zünftige Schneeballschlacht zwischen (Benediktiner-) Nachbarn und Nachbarinnen

gendlichen, Familien und Schulklassen weder die Religionszugehörigkeit, noch die soziale oder kulturelle Herkunft eine Rolle. Integration ist angesagt, auch die von körperlich und geistig Behinderten. Zusätzlich haben die frommen Frauen ein Haus für Meditation und geistliche Einkehr, auch Kontemplation genannt, neben ihren Klosterbau gestellt. Im gemieteten Schloss der Grafen von Castell-Rüdenhausen bringen sie Gäste und weitere Veranstaltungen unter, fern vom hektischen Treiben unten im Maintal. All das, was um das evangelische Kloster herum entstanden ist, sichert den heute 37 Nonnen die wirtschaftliche Existenz. Aus dem Topf der Kirchensteuer kann sich die Communität Casteller Ring nämlich nicht bedienen.

Die Gemeinschaft muss also schauen, wo sie bleibt. Schwester Prorin Ursula Buske, die Kloster-Chefin, lässt deshalb nicht unerwähnt, dass zu den Eintrittsbedingungen in die Communität eine Berufsausbildung unbedingt erforderlich sei. Dabei nennt Schwester Ursula noch eine Verpflichtung, die die Communität selbst zu beachten hat. „Als Kloster nur wegen der Sicherung der Wirtschaftlichkeit zu wachsen, das verbietet sich." In Bayern gibt es jedoch Klöster, die haben das schon übersehen. Und auch das ist nicht möglich: Frauen, die das Kloster auf dem Berg als Fluchtpunkt angesichts bitterer Alltagsrealitäten ansehen, werden gerne als Gäste aufgenommen, aber nicht als Nonnen. Eine offensichtlich psychisch labile Frau hatte einmal der Priorin ihren Eintritt ins Kloster per Brief mit den Worten angekündigt: „ Ich begebe mich in die Obhut eures Klosters." Die Nonnen brauchen jedoch für ihr „Ora et Labora", für das Beten und Arbeiten, seelisch stabile und im Glauben verankerte Mitstreiterinnen. Nur solche werden den täglichen Full-Time-Job in der Arbeit mit Menschen und das Leben in Gottesnähe nicht als ständige Belastung, sondern als Erfüllung ansehen.

Die Schwestern lassen allerdings Einblicke in das tägliche klösterliche Leben zu mit dem Angebot „Kloster auf Zeit", so, wie das auch in katholischen Klöstern üblich ist. Dabei spekulieren alle Klöster, die einen solchen „Test" im Programm haben, natürlich ein wenig darauf, dass vielleicht hie und da jemand zur Milderung der teilweise recht argen Personalprobleme ein dauerhaftes „Ja" zum Klosterleben sagt. An solchen Spekulationen

wollen sich die Frauen auf dem Schwanberg nicht beteiligen. Eher gehe es um die Freude, so zu leben und den eigenen Lebensentwurf verwirklicht zu sehen, sagt Schwester Ursula. Auf jeden Fall freuen sich die Klosterfrauen über den „riesigen Zuspruch von überall her". Die Priorin: „Viele stellen beim Mitleben in der Gemeinschaft fest: ‚Das ist etwas, was ich gesucht habe'." Nach der Hausstatistik der Communität kommen 2/3 der Besucher wieder, ob sie nun wegen „Kloster auf Zeit" da waren oder Einkehrtagen für Einzelne, Gruppen und Schulklassen oder Seminare besucht haben. Schwester Katharina Schridde, die Bildungsreferentin des Klosters, beschreibt einen weiteren Trend: „Frauen sind die geistlich Suchenden in unserer Gesellschaft."

Dennoch trauen sich auch Männer auf den Schwanberg, denn die Anziehungskraft des heiligen Ortes wirkt auch auf sie. Hier oben sei, wie es im Matthäus-Evangelium stehe, ein wenig die „Stadt Gottes auf dem Berg", erklärt die Priorin Schwester Ursula die Wirkung. „Die Menschen kommen raus aus dem Alltag hinauf auf den Berg und stellen sich in den Blick Gottes." Ihrer Erfahrung nach fällt von den Besuchern das Alltägliche ab. „Man lässt es den Berg hinunterfließen." Die Nonnen beobachten auch, wie wichtig auf einmal den Menschen ein geregelter Tagesablauf ist: regelmäßiges Essen, regelmäßiges Beten, regelmäßige Nachtruhe. Schwester Katharina, die sich erst mit 25 taufen ließ und nach Ende ihres Studiums in Deutsch und Geschichte den Weg ins Kloster vorgezeichnet sah, kennt den Grund: Die Struktur unserer postmodernen Zeiten sei die Strukturlosigkeit. „Die Abschaffung des Sonntags als Tag der Ruhe, die Abschaffung von Tag und Nacht im Arbeitszeitablauf, in den

Fernsehprogrammen, ja überall im Alltag. Da ist nirgends mehr Halt." Die frommen Frauen auf dem Berg wollen ihren Besuchern wieder den Wert eines Tagesrhythmus entdecken helfen oder „den Wert der Unterbrechung", den Schwester Katharina für ebenso wichtig hält. Dabei geht es um den Stopp beim Hamsterradlaufen im Alltag, um das Innehalten, wenn zum Beispiel auf dem Schwanberg im geistlichen Zentrum die Glocke läutet und signalisiert: „Habe deine Ruhe und komme zu dir." So lasse sich Frieden mit sich selbst machen, versichern die frommen Frauen vom Berg.

Blick zurück zum Fernseh-Evangelisten, zu Mister Pat Robertson und seinen Morddrohungen: Vielleicht macht dem Mann auch die Strukturlosigkeit zu schaffen, so dass er nicht mehr weiß, wann er was denken und wann er was sagen soll. Wäre also kein Wunder, wenn er dabei immer öfter die Reihenfolge durcheinander brächte. Vermutlich fehlt ihm als Grundlage die „Discretio", die weise Maßhaltung und die Fähigkeit zur Unterscheidung, die der Heilige Benedikt als „Mutter aller Tugenden" in seiner Regel aufführt. Danach leben die evangelischen Nonnen ebenso wie ihre katholischen Benediktinerbrüder im nahen Münsterschwarzach – und zwar im Frieden mit sich selbst und allen anderen. Die Einsicht dazu hat eigentlich jeder Mensch durch seinen Verstand – auch der TV-Evangelist.

Communität Casteller Ring (CCR)

Adresse:
Schwanberg, 97348 Rödelsee, Tel: 09323/32-0, Fax: 09323/32-209, e-mail ccr@schwanberg.de, Internet: www.schwanberg.de

Anfahrt:
Mit der Bahn bis Iphofen, danach Taxi-Service. Mit dem Auto: Autobahn A3 Nürnberg-Würzburg entweder Ausfahrt Wiesentheid oder Ausfahrt Rottendorf.

Klostergründung:
15. Februar 1950; entstanden aus der „Tatgemeinschaft christlicher Pfadfinderinnen" (1929; unter den Nazis verboten).
Derzeitige Leitung: Priorin Sr. Ursula Teresa Buske CCR.
Gegenwärtig 38 Schwestern.

Tätigkeiten:
Jugend- und Erwachsenenbildung, Seelsorge, Theologie. CCR-Station im Augustinerkloster Erfurt mit ähnlichen Tätigkeiten.

Angebote:
Meditations- und Kontemplationskurse, Freizeiten für Kinder, Jugendliche, Familien und Alleinerziehende; Kunst- und Kreativitätsangebote (u. a. Ikonen-Malkurse), Glaubenskurse

In der Nähe:
Benediktinerabtei Münsterschwarzach.

Besonderheiten:
Traumhafte Lage über dem Maintal, Paradies für Familien.

Der Fehler des Bayerwald-Propheten

Ein Holländer-Kloster in der niederbayerischen Toskana hat der Mühlhiasl nicht vorhergesehen

Ein wenig graust es den Leuten in der Gegend um Hunderdorf am Rand des vorderen Bayerischen Waldes heute immer noch, wenn die Rede auf den Müller Matthias Lang, den Mühlhiasl" kommt. Er wurde „Prophet des Waldgebirges" genannt, weil er vieles hatte kommen sehen: Die Eisenbahn, den 1. Weltkrieg, Hitler, das Bauernsterben, aber auch das bittere Ende des Klosters Windberg, hoch über Hunderdorf im heutigen Landkreis Straubing-Bogen. Der Hiasl konnte einen 75-Gulden-Kredit nicht mehr zurückzahlen, worauf ihm der Abt arg zugesetzt haben soll. Eines Sonntags während des Hochamtes, so erzählt man sich, stürmte er ausgemergelt und zerlumpt in die vollbesetzte Klosterkirche und prophezeite den Mönchen fluchend: „Ausgetrieben werdet ihr aus dem Kloster, mit Geißeln und Flinten wird man euch davonjagen und Windberg wird leer und öd' auf seinem Hügel stehen. ... Die Mönch' werden keinen Besitz und keine Heimat mehr haben, werden übers Land ziehen müssen wie die Bettler, und wenn's Glück haben, wird man sie irgendwo einsperren, wo sie dann aussterben können." [*]) Das war 1801. Und tatsächlich: 1803, als die Wittelsbacher alle Klöster in Bayern aufhoben, mußten die Mönche Windberg fluchtartig verlassen und das Kloster verfiel.

Die vom Fluch des Mühlhiasl belegten geistlichen Herren, die da Hals über Kopf und in Schimpf und Schand' von Windberg fliehen mussten, waren Angehörige des Ordens mit dem Zungenbrecher-Namen „Prämonstratenser". In der nicht einfach gestrickten Ordenswelt der katholischen Kirche umweht sie ein sanfter exotischer Hauch. Denn streng genommen sind sie gar keine Mönche, sondern Priester und Laien, die nach einem Regelwerk zusammenleben, das sich der Orden bei seiner Gründung im 12. Jahrhundert gegeben hat. Zu diesem Zeitpunkt war die Kirche auch nicht mehr die jüngste, hatte schon gut 1.000 Jahre auf dem Buckel. Das Christus-Prinzip von der Gleichheit aller Gläubigen war längst dahin. Die Kirche war zum Machtmittel und Handelsobjekt heruntergekommen, denn Mäch-

Historische Ansicht des Klosters Windberg

tige der damaligen Zeit hatten den Begriff „katholisch" ziemlich wörtlich genommen. Das altgriechische „katholikos" heißt so viel wie das Ganze betreffend, umfassend. Die weltlichen Macht hatte sich, um umfassend herrschen zu können, die Kirche einfach gekauft. Ämter, vom Pfarrer über Bischof und

([*]) Zitat aus dem Historienroman „Mühlhiasl" von Manfred Böckl, Aufbau-Verlag Berlin, 1997)

Prämonstratenser, O.Praem.

O.Praem. = Ordo Canonicorum Regularium Praemonstratensium = Orden der regulierten Chorherren der Prämonstratenser

Ordensgründer: Der Deutsche Norbert von Xanten.
Ordensgründung: 1121 im französischen Prémontré (daher der Name Prämonstratenser).
Ordenstracht (lat. Habitus): Weiße bodenlange Tunika (= Untergewand) mit weißem bandartigem Zingulum (= Gürtelbinde) und weißem bodenlangem Skapulier (= Schulterkleid bestehend aus Rücken- und Brustteil).

Das berühmte romanische Tympanon über dem Seiteneingang des Klosters

Abt bis zum Papst, wurden meistbietend verscherbelt. Kaiser und Könige setzten so willfährige Hofschranzen als Päpste, Bischöfe und Äbte ein, die zu parieren hatten. Dafür gab's ein Leben in Luxus, während das Kirchenvolk darbte. Landauf landab verrottete das Glaubensleben und der Gottesdienst. Von diesem damaligen Zustand der Kirche, gerade was die Abkehr der Menschen vom Glauben angeht, ziehen Kirchenkritiker gerne Parallelen zu den Nöten der katholischen Kirchen heute.

Einige wenige, die noch nicht vom Glauben abgefallen waren, starteten bereits im 11. Jahrhundert erste Rettungsversuche. Unter ihnen war auch der unbestechlich gebliebene Papst Gregor VII. Er sprach der weltlichen Macht das Recht ab, Kirchenführer einzusetzen oder Kirchenämter kaufen zu können und brach damit den sogenannten Investiturstreit vom Zaun (lat. *investitura* = Einkleidung, Einsetzung). Sein Gegner: Kaiser Heinrich der IV., der dem streitbaren Gregor schließlich unterlag und zur Abbitte

Holländische Prämonstratenser bauten ab 1923 das halbverfallene Kloster wieder auf.

Entspannung ist auch nötig: Die Patres beim Eisstockschießen.

den berühmten Gang nach Canossa antreten musste. Doch auch diese spektakuläre Einlage machten die schwer kranke Kirche und die ebenso siechen Klöster noch lange nicht gesund.

Das darauffolgende Jahrhundert sollte Besserung bringen, den es war die Zeit der absoluten Popstars unter den Kirchenreformern, die ein Leben unabhängig von weltlicher Macht, in Armut und in Nächstenliebe als einzigen Weg aus dem Schlamassel vorlebten. Nacheinander betraten die Kirchenbühne: Der Franzose Bernard von Clairveaux, Hirn und Herz des Zisterzienserordens, der Spanier Domingo de Guzmán, Gründer des Dominikanerordens, der Italiener Franziskus von Assisi, Gründer des Franziskanerordens und auch der Deutsche Norbert von Xanten. Auslöser für seine Ordensgründung war ein Blitz, der ihn bei einem Ritt über Land getroffen haben soll. Vom Ort Prémontré im nordfranzösischen Burgund, wo Norbert mit Gleichgesinnten das erste Kloster baute, hat der Prämonstratenser-Orden seinen Namen.

Der Ordensgründer, der als Wanderprediger bettelarm und barfuß durch halb Europa gezogen war, scharte vornehmlich Priester um sich, die in klösterlicher Gemeinschaft und außerhalb des Zugriffs weltlicher und auch kirchlicher Herren leben wollten. Im Gegensatz zu den von der Welt eher abgewandten Mönchsorden kümmerten sich die Prämonstratenser von Anfang an um die priesterliche Seelsorge bei den Menschen rund um ihre Klöster. Dieser Priesterorden nahm auch nicht wie viele andere Orden die Regel des Heiligen Benedikt als eigenes Grundgesetz an, sondern lebt seit dem Jahr 1120 nach dem älteren Regelwerk des Heiligen Augustinus. Einer der Kernsätze: „Lebt nicht als Sklaven, niedergebeugt unter dem Gesetz, sondern als freie Menschen unter der Gnade." Das klang in den damaligen Zeiten der Leibeigenschaft schon ziemlich revolutionär. Die Nähe zur Macht, ob weltlich oder kirchlich, blieb den Ordensleuten in ihren weißen Gewändern fremd. Zwar berieten sie Bischöfe, wurden aber nicht deren Knechte.

Und weil sie stets mitten drin bei den Menschen waren und nicht asketisch außen vor, fand der Orden Anklang und breitete sich in ganz Europa aus, vor allem in Österreich. Von dort aus machten die Priestermönche in Weiß die Slawen christkatholisch. Die Auflösung der Klöster und Orden zu Beginn des 19. Jahrhunderts verschonte auch die Prämonstratenser nicht. Von 250 Ordenshäusern in Europa blieben nur eine Abtei in den Niederlanden und zehn in Österreich übrig. Die Weissagung des Mühlhiasl hatte sich also mehr als erfüllt und nicht nur das Kloster in Windberg betroffen. Es dauerte 120 Jahre, bis sich in der halbzerfallenen Abtei wieder Ordensleben regte. Holländische Prämonstratenser hatten 1923 die Ruine erworben. Es soll ja angeblich keine Zufälle geben, aber über Folgendem kommt man leicht ins Grübeln: Windberg liegt in Sichtweite zu Straubing. Im 14. Jahrhundert hatten sich die Wittelsbacher durch emsige Heiratspolitik fast die Hälfte Hollands, darunter die heutige Hauptstadt Den Haag, unter den Nagel gerissen. Nach Erbteilung war dann das Herzogtum mit einem wahrhaft exotischen Namen entstanden: „Niederbayern-Straubing-Holland".

Und weil der niederbayerische Mensch sich mehr noch als andere bayerische Stämme an das Überlieferte hält, nennt er auch heute noch die so schön im Land liegende Abtei ganz einfach „'as Holländerkloster." Bleibt noch anzumerken, dass der Mühlhiasl, der so vieles hat kommen sehen, die Wiedergründung des Klosters wohl übersehen hat. Allerdings: Die Ansiedelung von Niederländern in Niederbayern vorherzusagen und dies auch noch in Form einer Klosterwiedergründung, das schafft nicht einmal der hellsichtigste Bayerwald-Prophet.

Ein Kloster für Daniel Küblböck

Die jungen Prämonstratenser von Windberg schaffen auch Spätpubertierende

Auch ein rechtschaffenes Kloster kann schnell deutschlandweit in die Schlagzeilen kommen. Ein Teenie-Star, ebenso flott aufgestiegen wie wieder vergessen, aber mit dem schönen niederbayerischen Namen Küblböck, war wegen Fahrens ohne Führerschein unter anderem zu acht Stunden Sozialarbeit verurteilt worden. Das Eggenfeldener Franziskanerkloster wollte den Verkehrssünder nicht aufnehmen, zuviel Rummel. Da fand Küblbecks Anwalt ein anderes Kloster im Gäu: Die Prämonstratenser-Abtei Windberg bei Straubing - und dort sagte man angesichts dieser armen Pop-Seele in Gottes Namen ja. Das blieb nicht lange geheim, Windberg war Titelgeschichte und Küblböck ging zur Sozialarbeit in ein Frauenkloster. Der Anwalt aber hätte für die junge Nervensäge gut gewählt gehabt: Die Abtei hat dank ihrer weithin gerühmten Jugendbildungsstätte große Erfahrung mit dem Jungvolk, auch mit pubertierenden Teeny-Stars; obendrein zählt Windberg altersmäßig zu den ganz jungen Mönchsgemeinschaften in Deutschland.

Ein schönes Platzerl haben sich die Ordensbrüder in der weißen Kutte für ihr mön-

chisches Dasein da ausgesucht. Hier schaut der Vordere Bayerische Wald aus wie eine niederbayerische Toskana mit barock-gerundeten Hügelketten, die zur Donau hin sanft auslaufen. Auf einem der letzten Hügel vor dem großen Fluss thront majestätisch das Klosterdorf Windberg und schaut weit hinaus ins flache fruchtbare Gäubodenland, einstmals die Getreidekammer Bayerns. Die Mönche haben auch Blickkontakt hinüber zum einzigen kantigen Eck in dieser lieblich-weichen Landschaft, zum Bogenberg, den sich die tief darunter fließende Donau vor Urzeiten zu einem schroffen Granit-Zinken als Endpunkt des Waldgebirges zurechtgeschliffen hat. Obendrauf die Wallfahrtskirche, nach Altötting der zweitbedeutendste Ort der Marienverehrung in Bayern mit seiner berühmten Pfingstwallfahrt, bei der spektakulär eine 13 Meter lange Kerze auf den Bogenberg getragen wird.

Es herrscht also kein Mangel an Außerordentlichem in dieser Ecke des Freistaates Bayern, dessen weiß-blaues Rautenwappen übrigens von den hiesigen Grafen von Bogen stammt und nicht von Franz-Josef Strauß. In idealer Weise passen die Windberger Mönche in den Reigen der Besonderheiten. Nicht wegen der Sprechfalle „Prämonstratenser", in die ähnlich wie bei „Säkularisation" oder „Subsidiarität" viele Zungen geraten. Viele hier nennen Windberg in einer Mischung aus respektvollem Abstandhalten und verstecktem Derblecken nämlich das „Holländer-Kloster", weil die Mönche angeblich herzlich wenig mit dem niederbayerischen Menschen gemein hätten. Eher schon, wie die Eingeborenen frozzeln, mit den Niederländern, die hier in wachsender Zahl Urlaub machen oder mit den holländischen Lkws, die in Massen die nahe Autobahn befahren, oder mit den Schiffen aus Oranje-Land, die auf der Donau weit mehr Fracht bewegen als die deutsche Konkurrenz.

Das mit dem Holländer-Kloster hat schon seine Richtigkeit. Es waren niederländische

Abt Hermann Josef Kugler vor der Ahnengalerie seiner Vorgänger

Prämonstratenser, die 1923 am Höhepunkt der Inflation die verfallene Klosteranlage billig kauften und ihr neues Leben einhauchten. Die Gottesmänner sprachen zwar deutsch, aber ihre niederbayerischen Schäfchen statt Hochdeutsch mit waldlerischer Zunge, was den niederländischen Mönchen vor allem beim Beichthalten wie eine babylonische Sprachverwirrung vorgekommen sein musste. Heute aber zählen nur noch wenige Mönche aus dem Land im Norden zum Konvent, zur Mönchsgemeinschaft. Die älteren Herren erklären scherzend, dass sie als Betagte den Altersdurchschnitt kräftig nach oben drücken würden. Aber auch so zählen die Windberger zu den jüngsten Klostergemeinschaften hierzulande. Das beginnt an der Spitze, denn Abt Hermann Josef Kugler, Jahrgang 1966, ist im Vergleich zu seinen Amtskollegen in Deutschland blutjung. Nur einer ist noch jünger. Der 1969 geborene Münchner Abt Johannes vom Benediktiner-Kloster St. Bonifaz.

Der Vorstellung vom gestrengen Abt mit langem Bart entspricht der Windberger Kloster-Chef nicht. „Ich habe die Weisheit nicht mit Löffeln gefressen. Meine Mitbrüder haben Vertrauen zu mir gehabt und mich gewählt." Eine einfache, urdemokratische Angelegenheit sei das gewesen, sagt der jungenhafte Mann mit der barocken Figur, der seine Pasta aus der guten Klosterküche liebt und mit Papst Benedikt zumindest eines gemein hat:

Sporttreiben ist nicht sein Ding. Das Spiel auf dem Flügelhorn schon eher. Da kann es vorkommen, dass der Abt, der ja wie ein Bischof die Firmung erteilen kann, seinen verblüfften Firmlingen zur Glaubensstärkung eins aufspielt. Genauso gut ist es möglich, dass die Gläubigen den Abt in der Windberger Klosterkirche als Aushilfspfarrer erleben. Dazu ist sich der Klosterchef nicht zu schade. Der gebürtige Schwabe aus Lauingen hatte Windberg als Schüler besucht und als „Strahlungszentrum" entdeckt. „Ich weiß nicht, ob ich woanders Prämonstratenser geworden wäre." Die Abtei im Niederbayerischen war fortan sein Schicksal.

Das prachtvolle Kircheninnere

Mehr als andere Orden pflegen die Prämonstratenser das klösterliche Miteinander. Die Einheit mit Gott suchen sie in der Gemeinschaft und bei den Menschen um sie herum. Dafür haben die Windberger Mönche regelrecht vorgebaut. Zusammen mit der Gemeinde Windberg und mit viel Hilfe von Bund und Land ist aus uralter Bausubstanz das Klosterdorf entstanden, für das es 2000 den großen europäischen Dorferneuerungspreis gab. Seither ist man Touristenattraktion. Weit wichtiger: Seit 1975 gibt es die Jugendbildungsstätte Windberg, die nicht irgendwo abseits am Rand des Klostergeländes ihren Platz hat. Mitten im bald 900 Jahre alten Klostergemäuer lernen Kinder und Jugendliche Sozialverhalten und den praktischen Umgang mit so altmodischen Inhalten wie Würde, Achtung, Rechte und Pflichten. Da kann es gut sein, dass der Lärmpegel bei der Bildungsarbeit die Brüder aus Gebet und Andacht reißt. Macht nichts, sagen die Mönche ganz entspannt, sprechen vom geistlichen Zentrum und weisen auf den Heiligen Augustinus hin, nach dessen Regel sie leben. Und bei ihm steht die Pflege der geistlichen und der menschlichen Gemeinschaft ganz oben. So kommt's, dass die Bildungsstätte weit und breit einen exzellenten Ruf hat. Pater Patrick, der seinerzeit die arme Pop-Seele nicht vor der Klosterpforte hätte stehen lassen wollen, leitete bis Anfang 2006 die Stätte und löste allzu großen Übermut bei den Kids ab und zu mit dem Spruch aus: „Leute, bei mir kommt keine Sau vorbei" und erzählt ihnen dann, dass er Metzger gelernt habe, bevor er ins Kloster ging. Heute führt der muntere Pater die Gehörlosen-Seelsorge in der Diözese Regensburg und leitet obendrein den Lehrbienenstand sowie den Schöpfungsgarten beim Kloster. In letzterer Funktion hat er regionale Berühmtheit mit seinem Honigsenf erlangt, den er in den Bienenkursen zusammen mit Kindern und Jugendlichen herstellt.

Auch für Originale ist im Kloster Platz: Pater Laurentius liebt blauen Dunst …

… und Pater Patrick, gelernter Metzger, pflegt seine Schüler mit dem Spruch zu schocken: „An mir kommt keine Sau vorbei."

Weil der Orden im Gegensatz zu den Benediktinern nicht aus einer Laienbewegung, sondern aus einer Priestergemeinschaft heraus entstanden ist, sind die weißen Mönche auch Pfarrer in sechs Gemeinden rundum. Ihre lockere, offene Art lässt die Alten zuweilen zurückzucken, macht aber bei den Jungen Lust auf Kirche – eine kleine Sensation in Zeiten immer leerer werdender Gotteshäuser. Dieser besondere Windberger Geist aus Gemeinschaftssinn, Weltoffenheit und dem Zugehen auf Menschen weht auch im weit entfernten Tochter-Kloster Roggenburg im Landkreis Neu-Ulm. Dort haben es die Mönche – darunter übrigens auch ein Holländer – mit Unterstützung vor allem des ehemaligen Finanzministers Theo Waigel geschafft, ein Bildungszentrum für Familie, Umwelt und Kultur auf die Beine zu stellen. Die insgesamt 32 Mönche in Windberg und Roggenburg haben sich viel aufgeladen. Das kostet Kraft, die man, wie es der junge Abt beschreibt, „auftankt in der Gemeinschaft der Mitbrüder." Daraus lässt sich auch Gelassenheit schöpfen gegenüber den Widrigkeiten des Lebens, wie klein sie auch sein mögen. Da kann es schon einmal vorkommen, dass Touristinnen, die in ihrer Jugend weder Jugendbildungsstätte, geschweige denn einen Benimmkurs besucht haben, Einlass begehren in den Zellenbereich der Prämonstratenser, so, als gehöre das zum Eventprogramm wie Hofbräuhaus oder Neuschwanstein. Milde, aber bestimmt verweisen dann die Mönche darauf, dass auch sie einen Privatbereich hätten.

Der liebe Gott scheint über das Kloster Windberg seine Hand zu halten: hoch angesehen, kaum Nachwuchssorgen, funktionierende Seelsorge. Das sind beinahe schon paradiesische Zustände, schaut man dabei auf die darbende Kirche. Mitten hinein in solche Betrachtungen gibt der junge Abt Hermann Josef zu bedenken: „Wenn unser Auftrag erfüllt ist, wenn Gott uns nicht mehr braucht, ok., dann gehen wir. Wir alle sind vergänglich, das gilt auch für Klöster." Eher aber schleift die Donau den Zinken des benachbarten Bogenbergs rund, als dass es dazu kommen wird.

Prämonstratenser-Kloster Windberg

Adresse:
Prämonstratenser-Kloster Windberg Adresse: Pfarrplatz 22, 94336 Windberg, Tel.: 09422/824-0, Fax: 09422/824-123, Email: Kloster-Windberg@t-online.de, Internet: www.praemonstratenserabtei-windberg.de.

Klostergründung:
1125.
Derzeitiger Klosterchef: Abt Hermann Josef Kugler

Anfahrt:
Per Auto über A 3, Ausfahrt Bogen/ Hunderdorf.

Tätigkeiten des Klosters:
Jugendarbeit, Schulunterricht, Pfarrdienst, Krankenhausseelsorge, Gehörlosenseelsorge, wissenschaftliche Theologie.

Einrichtungen und Angebote:
Jugendbildungsstätte Windberg. Tage der Orientierung, schul- und klassenunterstützende Seminarangebote, Wochenend- und Wochenseminare, Ferienmaßnahmen, außerschulische freizeitorientierte Bildungswochen, Fortbildungen für Haupt- und Ehrenamtliche in der Jugendarbeit. Adresse: Jugendbildungsstätte Windberg, Pfarrplatz 22, 94336 Windberg, Tel.: 09422/824-200, Fax: 09422/824-123, Email: JuBiSt-Windberg@t-online.de, Internet: www.praemonstratenserabtei-windberg.de/jubist/index.htm .
Geistliches Zentrum mit Kursangebot für Erwachsene (u.a. Philosophiekurse, Kalligraphiewerkstatt), Programm siehe Internet: www.praemonstratenserabtei-windberg.de/kloster/index.php?content=6_1 Lehrbienenstand, Schöpfungsgarten.
Klostereigener Verlag (Poppe-Verlag) mit Literatur über den Prämonstratenserorden und über Windberg.
Klosterladen (Adresse: Klosterladen Windberg, Dorfplatz 3, 94336 Windberg, Tel. 09422/8092309. Angebot (u. a.): Religiöse Literatur, sakrale Geschenkartikel, handgemachte Kerzen, Windberger Kräuterlikör, Tees, Kräuter, Wein; Öffnungszeiten siehe Internet).
Gaststätte mit bäuerlich-bürgerlicher Küche.
Kirchenmusikprogramm im Jahreslauf (Programm siehe Internet), Klosterkirchenführungen

Sehenswert:
Großartige Klosteranlage in herrlicher Lage über dem Donautal mit romanischer (innen barockisierter) Kirche und mittelalterlichem Klosterdorf, komplett restauriert.

Gastronomisches und touristisches Angebot:
„Richter- und Musikantenschänke" im Klosterdorf, Tel: 09422/401333, Email: info@musikschaenke.de, Internet: www.musikschaenke.de, Amtshauskeller und Bürgersaal (Vermietung über Gemeinde (www.windberg.de/gde.htm), Übernachtungen (Gemeinde: www.windberg.de/zimmer.html), in 2 Km Entfernung Hunderdorf, Geburtsort des Bayerwald-Propheten „Mühlhiasl". Wallfahrtskirche Bogenberg, nach Altötting zweitwichtigster Marienwallfahrtsort Bayerns, barocke Kirche mit den längsten Kerzen der Welt, eines der schönsten Wandergebiete des Bayerischen Waldes.

Bayern unter der Flügelhaube

Ludwig I. holte die Barmherzigen Schwestern ins weiß-blaue Königreich

Wenn eine Werbeagentur unbedingt pleite gehen will, dann braucht sie für ihren Kunden, zum Beispiel einem bekannten Multimedia-Laden, nur dichten: „Nächstenliebe ist geil". Schon ist sie aus dem Geschäft. Nicht allein deshalb, weil „geil" der Gipfel der Einfallslosigkeit ist. Und nicht aus dem Grund, weil die Bosse des Multimedia-Ladens ein Herz für ihre Mitmenschen haben und die Preise so winzig klein machen. Nein. „Nächstenliebe" ist ein echter Runterzieher, schon wegen der vielen Wortsilben. Also muss sich jede Agentur vor dem Wort und seiner Verwendung in Acht nehmen. Ganz anders der einsilbige „Geiz". Der macht jeden Slogan so richtig flott. Übrigens: Auch die Kirchen kommen nicht auf die Idee, mit „Nächstenliebe", wenn nicht in Kombination mit „ist geil", so doch mit „ist schön" zu werben. Bisher wenigstens nicht. Mit der Nächstenliebe ist es also nicht einfach in unserer Zeit. Vor allem, wenn da noch so ein Holperwort daherkommt: Barmherzigkeit. Die Zwei sind enge Verwandte, aber völlig out. Damit verkauft sich keine einzige DVD-Scheibe. Auch als es noch keine Multimedia-Läden gab, vor rund 350 Jahren zum Beispiel, hatten die Menschen Probleme mit dem sperrigen Wort-Duo. Nächstenliebe und Barmherzigkeit kamen einfach nicht an bei denen, die sie gebraucht hätten.

Da trat ein gewisser Vinzenz von Paul in die Welt. Der Franzose gründete die Gemeinschaft der „Barmherzigen Schwestern". Einer seiner zündenden Slogans: „Man tötet jemand, wenn man ihm seine Ehre raubt."

Bitterkalt war's damals im Europa des 17. Jahrhunderts, als die Schere zwischen Arm und Reich bis zum Anschlag offen stand. Adel, Kirche und Bürgertum ließen es sich gut gehen, die Mehrheit des Volkes darbte und verkam. Die Not auf dem Kontinent war so groß, dass auch die bis dahin aufopfernd mildtätigen Nonnen und Mönche vor allem der Bettelorden hilflos waren. In einem südfran-

Die erste Generaloberin des Ordens, Sr. Ignatia Jorth

zösischen Dorf wächst in dieser Zeit Vinzenz von Paul in ärmlichen Verhältnissen heran. Damals führte für einen begabten Buben nur ein einziger Weg aus dem Underdog-Leben.

Barmherzige Schwestern, SC

SC = Sorores de Caritate = Schwestern der Nächstenliebe

Ordensgründung als „Filles de la Charité" =Töchter der christlichen Liebe) 1633 in Paris
Gründer: Hl Vinzenz von Paul und Louise de Marillac. (Die Barmherzigen Schwestern gehören der weltweiten Föderation vinzentinischer Gemeinschaften an).
Ordensregel nach dem Hl. Benedikt.
Ordenstracht: dunkelblaues Gewand mit weißem Schleier, weißes Gewand als Arbeitskleidung.
In Deutschland derzeit 15 Regionalorganisationen (Mutterhäuser, Generalate, Provinzialate) mit 2.500 Schwestern.

Ein solcher musste so schnell wie möglich Priester werden. Schon mit 19 wurde Vinzenz geweiht. Er wollte in Windeseile Kirchenkarriere machen. Der Rückenwind hieß: Bloß weg von Armut und Not. Irgendwann einmal auf dem Karriereweg wurde dem Überflieger anscheinend klar, dass das ehrgeizige Aufsteigen auf Dauer nicht das Leben eines Gottesmannes sein kann. Eines Tages vor dem Messehalten berichteten ihm die Leute vom Schicksal einer völlig verarmten und kranken Familie im Ort. In seiner Predigt appellierte er leidenschaftlich an die Menschlichkeit und löste so eine Welle der Hilfsbereitschaft aus. Als er nach der Messe selbst die Familie besuchte, hatten bereits mehrere Frauen Nahrung und Kleidung gebracht und sich um die Hilflosen gekümmert.

Vinzenz von Paul war angerührt von soviel praktizierter Nächstenliebe und erstaunt über sich selbst und seine plötzlich entdeckte Fähigkeit, ebenso zu motivieren wie zu mobilisieren. Er kam aber gleichzeitig ins Grübeln: „Wenn alle nur auf einmal helfen, ist das Elend fürs erste vorbei, doch morgen ist die Not wieder da." Der Priester fing an, die Hilfe zu organisieren. Zusammen mit Frauen, die sich freiwillig bei ihm gemeldet hatten, gründete er 1617 den ersten Caritasverein. Jetzt hatte der Karrieremann seine Bestimmung gefunden: Systematisch Hilfe für Menschen aus Nächstenliebe und Barmherzigkeit zu leisten und dabei ein Werkzeug Gottes zu sein. So empfand auch die Adelige Louise von Marillac. Gemeinsam mit ihr startete Vinzenz 1633 in Paris die Bewegung „Filles de la Charité" (Töchter der Barmherzigkeit). Der Mann aus Südfrankreich sorgte dabei für eine Revolution im Ordenswesen der Frauen. Die „Töchter der Barmherzigkeit" sollten ähnlich wie die Jesuiten bei den Menschen unterwegs sein, also nicht hinter Klostermauern bleiben, sondern mobil, in kleinen Einheiten dorthin gehen, wo die Not ist. Und die war gerade in diesen Zeiten der besagten tiefen Spaltung der Gesellschaft in Arm und Reich besonders groß. Den Frauen machte der Ordensgründer also klar, dass nunmehr die Stadt und ihre Straßen das Kloster seien und das Mietzimmer die Klosterzelle. Bis zum heutigen Tag leben die Schwestern nach seinem Appell: „Das ist eure Sendung: Armen und Kranken menschgewordene Gottesgüte zu sein."

Der Ordensgründer wusste auch, wovon er sprach, denn er hatte jahrelang so gelebt. „Man muss die Treppen der Armenhäuser hinaufsteigen, muss an den Betten der Armen sitzen, muss mit ihnen frieren, um hinter die Geheimnisse des Herzens ohne

Barmherzige Schwestern bei der Fronleichnamsprozession im München der 1920er Jahre

Trost und eines Gewissens ohne Frieden zu kommen," predigte er den Seinen. Nun kann man auf die Idee kommen, dass es doch besser wäre, die Ursachen für all dies maßlose Elend zu beseitigen, so, wie das 120 Jahre nach Vinzenz' Tod durch die Französische Revolution versucht wurde. Vinzenz wäre diesen Weg nicht gegangen, denn Gewaltlosigkeit sowie gelebte Nächstenliebe und Barmherzigkeit bedeuteten für ihn das Göttliche auf Erden. Allerdings: Wenn jemand dieses Göttliche so lebt, dann ist das eigentlich bereits revolutionär.

Der Bayern-König Ludwig I. holte sich also – streng genommen – Revoluzzerinnen ins Land, nachdem er die „Barmherzigen Schwestern", wie sie mittlerweile hießen, in Frankreich kennen gelernt hatte. 1832 kamen die ersten Schwestern nach München und fielen sofort allein schon mit ihren riesigen Flügelhauben auf. So etwas hatte man in der Residenzstadt noch nie gesehen. Erst 1964 tauschte der Orden die gewaltige Kopfbedeckung gegen schlichte Hauben. Angeblich deshalb, weil so manch eine Schwester beim Dienst am Krankenbett den einen oder anderen Kranken mit den gestärkten Spitzen der Riesenhaube schmerzhaft nahegekommen sein soll. Der Wittelsbacher jedenfalls wusste, was er an den Ordensfrauen hatte. Das Königreich Bayern, gerade auf dem Weg in die erste industrielle Revolution, war nämlich kein Sozialstaat von heutiger Art. Wer krank, alt und auch noch notleidend war, für den gab es kein Netz und kein System der Wohlfahrt. Als erstes brachten die Schwestern das Allgemeine Krankenhaus beim Sendlinger Tor-Platz in München auf Vordermann.

Bald ging ein Ruf wie Donnerhall durchs Land: die Barmherzigen Schwestern, die

„Engel mit den Flügelhauben". Unter der Regie des Ordens entstand im Lande Bayern ein Pflegeheim und ein Krankenhaus nach dem anderen. Über Zulauf im Orden selbst brauchten die Frauen nicht zu klagen. Barmherzige Schwester wurde eine Frau aus Glaubensgründen und auch wegen des sozialen Aufstiegs: Damals Krankenschwester zu sein, bedeutete hohes Ansehen. Allerdings war die Ausübung des Berufs an den Ordenseintritt gebunden. Somit wäre übrigens auch geklärt, warum die Krankenschwester Krankenschwester heißt: Weil Ordensfrauen halt als Schwestern bezeichnet werden. Die von München aus geleitete Kongregation der Barmherzigen Schwestern vom Hl. Vinzenz von Paul (Kongregation: vom Lateinischen „grex" – Herde, Schar. Damit wird ein selbstständiges Ordenshaus bezeichnet) erreichte 1939 ihren personellen Höchststand: 2.847 Schwestern, einschließlich der Novizinnen (angehende Schwestern) und Kandidatinnen in über 150 Einrichtungen wie Krankenhäuser oder Pflegeheime wurden gezählt.

Den Nazis waren die Barmherzigen Schwestern nicht allein wegen der Flügelhauben verdächtig. Nächstenliebe und Barmherzigkeit kamen in der Ideen- und Lebenswelt der Machthaber bekanntlich nicht vor. Viele Ordensfrauen in den Krankenhäusern mussten deshalb ihren Abschied nehmen. Das Regime setzte linientreues Personal an ihre Stelle, die sogenannten Braunen Schwestern. Auch der Krieg verschonte den Frauenorden nicht. Im Bombenhagel der Alliierten starben 21 Schwestern der Münchner Kongregation. Schließlich wurde das Mutterhaus in der heutigen Münchner Nußbaumstraße nahezu ausgebombt.

1945 ausgebombt: das Mutterhaus in München

Nach dem Krieg und bis in die 60er Jahre erlebte der Orden noch einmal einen respektablen Zulauf. Diese Zeiten sind jetzt vorbei. Knapp 500 Barmherzige Schwestern leben und arbeiten heute im Freistaat, mitgezählt sind dabei schon die Ordensfrauen im Ruhestand. Auf nur noch 30 Einrichtungen beschränkt sich die Arbeit, die allerdings wichtiger denn je ist für diese Gesellschaft, in der die materielle und die seelische Not wächst und wächst. Den Menschen, die bereits durch die immer weiter werdenden Maschen des sozialen Netzes gefallen sind und darunter leiden, fühlen sich die Schwestern der schrumpfenden Gemeinschaft besonders verpflichtet. Da folgen sie bedingungslos ihrem Ordensgründer Vinzenz von Paul, der die unverletzliche Würde des Menschen als Ausdruck der Liebe Gottes angesehen hatte. Hinzu kommt das sperrige Wort-Duo, die Nächstenliebe und die Barmherzigkeit. Den Sinn des Duos hat Vinzenz einst in den Satz gepackt: „Die Armen sind unsere Herren, also die, die von anderen abgeschrieben wurden, die auf Hilfe angewiesen und abhängig sind, sie dürfen fordern und befehlen." Eine unerhörte, dank der Schwestern glücklicherweise nicht ganz aussichtslose Werbebotschaft.

Top-Business für die Nächstenliebe

Der Orden der Barmherzigen Schwestern schöpft geschäftstüchtig aus einer Quelle

So entspannt sieht man den ehemaligen Fußball-Nationalspieler Sebastian Deisler nicht oft. Aber an diesem Hochsommertag geht es ihm so richtig gut. Vor ihm Mädchen und Buben, die alles Mögliche von dem Fußballcrack wissen wollen. Direkt neben ihm freundlich lächelnd eine schmale, aber energisch wirkende Frau, wie Deisler ein Star, allerdings auf einem ganz anderen Feld. Die katholische Ordensschwester Theodolinde Mehltretter ist bekannt in der Welt der Wirtschaft, sie gilt als Top-Managerin und hartgesottene Geschäftsfrau. Unter ihrer Regie ist es dem Orden der Barmherzigen Schwestern und zusammen mit fleißigen Menschen gelungen, aus einem lokalen Heilwasserabfüller ein Unternehmen zu machen, das heute zu den zehn größten Brunnen-Betrieben Deutschlands zählt und über 100 Millionen Euro Jahresumsatz macht. Gerade in diesem Business gehört Trommeln zum Geschäft. Deshalb laden die geschäftstüchtige Schwester Theodolinde und ihre „Adelholzener Alpenquellen" ab und zu werbewirksam zum überkonfessionellen Fußballcamp ein. Und Deisler, der dem Buddhismus nahe steht, genießt als Stargast das Ganze anscheinend in vollen Zügen.

Am Ball: die Generaloberin und der Fußballstar

Böse Zungen mögen zetern: „Typisch Katholische Kirche. Nach außen hin kirchenmausarm, aber hintenrum die große Kohle machen." Wer nicht weiß, dass sämtliche Ordensgemeinschaften dieser Kirche wirtschaftlich ganz allein auf sich gestellt sind und auch keine Kirchensteuer bekommen, mag sich leicht solche Gedanken machen. Der Brunnen in Bad Adelholzen im Chiemgau mit den sprudelnden Gewinnen gehört zu 100 Prozent dem Orden der Barmherzigen Schwestern, genauer gesagt der Münchner Kongregation (dieser Begriff bezeichnet ein selbstständiges Ordenshaus) mit Sitz in der Landeshauptstadt. Chefin der Kongregation ist Schwester Theodolinde mit dem schönen Titel „Generaloberin." Sie hat mittlerweile die Direktion des Chiemgauer Getränkeherstellers gegen die Leitung eines großen Konzerns mit den Geschäftsfeldern Nächstenliebe und Barmherzigkeit eingetauscht. Die Zeiten, da diese Geschäftsfelder von fast 3.000 Schwestern beackert wurden, sind seit den 30er Jahren des letzen Jahrhunderts vorbei. Heute tun nur noch knapp 500 Schwestern ihren Dienst in den ordenseigenen Krankenhäusern, Pflege- und Altenheimen in Bayern, unterstützt von mittlerweile 1.500 weltlichen Kräften.

Personal von außen, Unterhalt und Investitionen für die Kliniken und Heime – das kostet natürlich Geld, viel Geld. Vor allem Adelholzen wirft Gottseidank nach Steuern soviel ab, dass sich die Generaloberin und gelernte Betriebswirtschaftlerin keine allzu großen Sorgen um die Finanzausstattung ihrer Geschäftsfelder machen muss. Trotzdem wird die energische Frau recht nachdenklich, wenn die Rede auf Nächstenliebe und Barmherzigkeit kommt. Vor allem um das B-Wort geht es ihr, sozusagen das Logo des Ordens. "Barmherzigkeit ist kein altes Wort. Es ist doch in unsere Herzen gelegt, dass wir einander helfen." So, wie sie das sagt, klingt es wie ein Appell. Kein Wunder: Nach 21 Jahren Arbeit in dem Alten- und Pflegeheim „Waldsanatorium" in der Nähe von Planegg bei München und nach 14 Jahren Aufbauarbeit in Adelholzen sind ihr die Entwicklungen in der Außenwelt nicht entgangen: „Einfache Grundregeln der Menschlichkeit werden nicht mehr befolgt und gelebt." Zum Anprangern und zum Jammern sitzt man aber jetzt nicht zusammen. Es geht vielmehr ums Positive: „Wir brauchen keine Angst vor der Zukunft haben, wenn wir uns von Gott führen lassen," gibt Schwester Theodolinde zu Protokoll und fügt hinzu, wie das geht. Zum Beispiel „Adelholzener", das Vorzeigeunternehmen für alle, die Deutschland, Gott und die Welt schlecht reden wollen. „Der Betrieb ist ein Werk des gemeinsamen Strebens", erklärt die Top-Managerin im schwarzen Habit (Lateinisch Habitus = Tracht, Haltung, Aussehen) und dem weißen Haubenschleier. „Und der Erfolg ist ein Ergebnis der guten Zusammenarbeit aller."

Das fürsorgliche Miteinander in einem Unternehmen sei erkennbar gottgewollt. Ehrlichkeit und das Konsequentsein gehöre dazu, auch wenn's unangenehm wird. Dann nämlich, wenn, wie Schwester Theodolinde aus betrieblicher Erfahrung berichtet, einem Mitarbeiter wegen ungenügender Leistung gekündigt werden müsse. „Aber Sie sind doch eine Schwester, könnten Sie nicht eine Ausnahme machen?", habe sie schon zu hören bekommen. Da hieße es dann konsequent sein. Andererseits gilt für sie, leis-

Fürsorgliches Miteinander: Barmherzige Schwestern im Dienst am Nächsten

tungsschwächeren Mitarbeitern eine Chance zu geben. Ins Handbuch des erfolgreichen Unternehmers passen auch diese Erkenntnisse der erfolgreichen Geschäftsfrau: „Auf allen Ebenen muss Information fließen, muss die Kommunikation funktionieren und, wenn es um die Zukunft der Menschen geht, muss man sich zusammensetzen und miteinander reden." Das nennt man dann wohl Unternehmenskultur.

Die Barmherzigen Schwestern müssen wie alle anderen Orden mit Bedacht und vorausschauend wirtschaften, weil sie bekanntlich keinen Anspruch auf Mittel aus der Kirchensteuer haben. So versuchen sie, sich halbwegs selbst zu versorgen. Drei große Höfe in Oberbayern mit Tierzucht, Feld- und Waldbewirtschaftung und sogar mit Almbetrieb liefern der Kongregation und ihren Einrichtungen Lebensmittel. Produziert wird in ökologischer Wirtschaftsweise, denn für die Schwestern ist, wie sie versichern, die „Achtung vor der Schöpfung" das Maß der Dinge auch in ihrer Landwirtschaft.

Der Orden steht mitten in der Welt, die Schwestern leben nicht in der Abgeschiedenheit der Klöster, sondern in nächster Nähe zur menschlicher Not und Armut, die zunimmt und selbst für die Helfenden oft kaum mehr zu ertragen ist. „Armendienst ist Gottesdienst." Danach hat Ordensgründer Vinzenz von Paul gelebt, dem folgen die Barmherzigen Schwestern bis heute, auch im Lande Bayern, das beileibe keine Insel der Glückseligen ist. Die Pflegearbeit der Schwestern für die Alten und Kranken wird wie früher überall im Freistaat dringend gebraucht, aber die Ordensfrauen schaffen das längst nicht mehr alleine. 150 Gemeinschaften außerhalb des Münchner Mutterhauses gab es im Jahr 1939, heute sind es nur mehr 30. Schon seit Jahren tritt niemand mehr in den Orden ein und die Schwestern werden auch älter. Die Gemeinschaften stellen das Personal in den Einrichtungen. Jetzt, da kaum mehr Frauen den Weg in den Orden finden, muss das Defizit mit weltlichem Personal ausgeglichen werden. Aber auch nicht mit irgendeinem Personal. Die Kräfte von draußen sollen mit Kranken und Alten im Vinzentinischen Geist umgehen. Deshalb ziehen sich die Schwestern ihre Mitarbeiter in eigenen Fachschulen heran. Und noch etwas: Vor allem ihren älteren Mitschwestern möchte es Generaloberin Theodolinde nicht antun, Ordenspersonal aus Kliniken oder Pflegeheimen abzuziehen. „So lange es nur machbar ist, sollen die Schwestern dort bleiben, weil es doch nicht nur allein um Leistung, sondern auch um Sinnerfüllung geht." So eine Sozialstation der Barmherzigen Schwestern sei doch ein Lichtpunkt in der sozialen Finsternis.

Für all die Nächstenliebe und Barmherzigkeit braucht es eine Tankstelle. Die Top-Managerin und „Generalin" hat sie wie ihre Mitschwestern längst gefunden: „Vertrauen auf Gott, jeden Tag, jede Sekunde." Sie wisse sich so in seinen guten Händen geborgen. Dazu das Gebet, das einen, der glaubt, in die Nähe dieses Gottes bringt. Ohne Gebet sei ihr Leben nicht erfüllt. Sie verlasse sich aufs Gebet und auf seine Wirkung in ihr, bekennt Schwester Theodolinde und verrät dabei einen ihrer Grundsätze: „Das Gebet ist der Schlüssel am Morgen und der Riegel am Abend." Aus all dem gewinnt sie Freude, die sie als „Tragbalken für unser Lebenshaus" betrachtet.

Das gemauerte Lebenshaus des Ordens im Münchner Klinikviertel an der Nußbaumstraße verlassen die Schwestern nun. Das Haus wäre renovierungsbedürftig, der Orden bräuchte dafür Platz. Aber die Zentrale ist hoffnungslos eingezwängt in die Bauten des Klinikviertels der Ludwigsmaximilians-Universität. Obendrein gehört das Grundstück dem Staat, der, damals unter Führung von König Ludwig I., 1837 die Barmherzigen Schwestern aus Frankreich nach Bayern geholt hatte. Die Barmherzigen Schwestern räumen also ihren Platz mitten in der Stadt, dort, wo zu Zeiten des Ordensgründers die Not am größten war. Die Generalin hat vorgesorgt. Im Osten der Stadt gibt es schon eine Vinzenz-von-Paul-Straße, an der das neue Mutterhaus entstanden ist. „Bauen bedeutet Bewegung", sagt die Generaloberin. „Mit dem Umzug haben wir ein Zeichen des Aufbruchs gesetzt und wagen Neues in dem Glauben, dass Gott mit uns geht." Die Barmherzige Schwester Theodolinde, geschäftstüchtig und vorausschauend wie sie nun einmal ist, hat den Bau gut durchfinanziert. Für das neue Mutterhaus, dessen Grundriss aussieht wie ein griechisches Alpha und Omega – gemäß der Johannes-Offenbarung die Symbole für Anfang und Ende – wurden über die Jahre Rücklagen geschaffen. Ihre Quelle in Adelholzen müssen die Schwestern deshalb also nicht anzapfen oder gar Fußball-Benefizspiele mit Bundesligastars organisieren …

Noch im Modell: das neue Mutterhaus

Barmherzige Schwestern

Adresse:
Kongregation der Barmherzigen Schwestern vom hl. Vinzenz von Paul, Mutterhaus München, Nußbaumstraße 5, 80336 München, Tel: 089/ 51 4105-0, Fax: 089/ 51 41 05-150,
Email: kongregation@barmherzige.net, Internet: www.barmherzige-schwestern-muenchen.de (Ende 2006 Umzug in neues Mutterhaus München-Berg am Laim, Vinzenz-von-Paul-Straße).

Klostergründung:
Mutterhaus München gegründet: 10. März 1832.
Derzeitige Chefin: Generaloberin Schwester Theodolinde Mehltretter.

Tätigkeiten:
Pflege von Kranken, Alten und Behinderten in eigenen Krankenhäusern und Pflegeheimen, Ausbildung von Gesundheits-, Kranken- und AltenpflegerInnen in ordenseigenen Berufsfachschulen, Wirtschaftsbetriebe.

Angebote des Münchner Mutterhauses:
Gebetsdienst (Internet: www.barmherzige-schwestern-muenchen.de/gebetsanliegen.html), Besinnungswochenende, Exerzitien oder „Zeiten der Stille" in eigenen Gäste- und Bildungshäusern (Information und Kontakt via Internet: www.barmherzige-schwestern-muenchen.de/d7000.html), Aus- und Fortbildung in Kranken- und Altenpflege (Information und Kontakt: www.barmherzige-schwestern-muenchen.de/d6000.html), Krankenhäuser (Information und Kontakt: www.barmherzige-schwestern-muenchen.de/d4000.html), Alten- und Pflegeheime (Information und Kontakt: www.barmherzige-schwestern-muenchen.de/d5000.html)

Besonderheiten:
Adelholzener Alpenquellen GmbH als ordenseigenes Unternehmen, 3 landwirtschaftliche Betriebe in nachhaltig-ökologischer Wirtschaftsweise mit Ackerbau, Almwirtschaft, Tiermast, Metzgerei, Milchproduktion, Waldwirtschaft.
Und: die Generaloberin hat einen eigenen Fan-Club namens „1gstfo" = „1. Generaloberin Schwester Theodolinde Fanclub Oberfranken" mit eigener Internet-Seite: www.1gstfo.de) .

Das Männerkloster im Gäu der Frauen

Wie ein sturer Benediktiner aus Niederbayern zum Klostergründer wurde

Hier hatten Männer so gut wie nichts zu melden. Hier gewannen die Mädchen im Fußball. Hier wurde getan, was alte Frauen anschafften, die sogenannten Godn, die geistlichen Mütter, die auf Einödhöfen auf Bergeshöh' knapp an der Baumgrenze halb in den Wolken wohnen, auf Zeichen von ganz oben achten und weise entscheiden. Hier hatten bayerische Klosterfrauen, die Franziskanerinnen aus Au am Inn, nach dem Krieg ein Kinderheim unter unsagbaren Mühen aufgebaut und den Berghängen die Nahrung für Mensch und Vieh abgetrotzt. Die Gegend, wo all das lange Zeit so war, hat den kleinen Ort Winkl-St. Gilgen zum Mittelpunkt und liegt auf halbem Weg zwischen Mond- und Wolfgangsee im Salzburger Land. Dorthin kam 1992 ein Mönch aus dem Benediktinerkloster St. Michael im niederbayerischen Metten an der Donau mit einem kühnen Plan. Er wollte mitten in der dörflichen Frauenherrschaft ein Männerkloster gründen. Das Vorhaben war auch ziemlich aberwitzig: Ringsum, in Österreich und in Bayern, herrscht die größte Klosterdichte vermutlich weltweit und mächtige Benediktinerklöster gibt es darunter gerade genug. Und außerdem: Nahezu alle leiden unter schmerzlichem Personalmangel.

In Metten waren sie damals überhaupt nicht begeistert von ihrem Mitbruder Johannes Pausch, der da ein neues Kloster aus dem Boden stampfen wollte, wie fast 1.500 Jahre vor ihm seine Ordensgenossen in Europa. Schließlich aber hieß es in der altehrwürdigen Abtei: „Der ist so stur, der ist nicht davon abzubringen." Allein von seiner Ausbildung her musste der Mönch wissen, was für ein Risiko er eingeht. Seinen Doktor in Theologie hatte er an der Uni in Salzburg gemacht, dazu Philosophie studiert, an der Fachhochschule Benediktbeuern Sozialpädagogik und in München noch Heilpädagogik draufgesetzt. Ein ganz ein Gescheiter anscheinend. Also: Wozu in diesen Zeiten ein Kloster gründen? So recht wusste es der Pater Pausch auch nicht, als er die Abtei in Metten verließ. Er

Das Europakloster Gut Aich am Rand von St. Gilgen am Wolfgangssee

war selbst ein Suchender. Die erste Antwort fand er noch in seiner oberpfälzischen Heimat Parkstein in der Nähe von Weiden. Dort betrieb die Familie eine Gastwirtschaft, in der der Bub das Alltagsleben der Menschen gut und ausgiebig studieren konnte. Eines Tages, als Heranwachsender bereits, eröffnete er der Familie, er wolle Priester werden. Insbesondere der Großvater versuchte ihn umzustimmen: „Schau Dir die Leute an, wie

Benediktiner, OSB

OSB = Ordo Sancti Benedicti, Orden des heiligen Benedikt

Ordensgründer: Benedikt von Nursia (seit 1964 Patron Europas).
Ordensgründung: 529 n. Chr im Kloster Monte Cassino.
Ordensregel „ora et labora" (bete und arbeite), bestimmend für viele abendländische Orden.
Ordenstracht (ausschließlich in Kloster Gut Aich): Hosen und Jacken aus hellem Naturstoff

grantig die aus der Kirche kommen. Und wie lustig sind die Leute, wenn sie aus unserem Wirtshaus gehen." Da schwor sich der junge Mann: „Die Leut' mach' ich froh!"

Als 20jähriger ging er 1969 ins Kloster nach Metten, von dort aus schickte ihn die Abtei zum Studieren. Seinen Kellermeister machte er danach auch noch, denn es ging ja darum, die Menschen froh zu machen und zwar von innen wie von außen. Die zweite Antwort ergab sich Ende der 80er in Salzburg. Der Gottesmann, von Metten dorthin beordert, arbeitete mittlerweile als Spiritual am Salzburger Kolleg der Benediktiner, war also für die religiöse Betreuung und Bildung des Ordensnachwuchses zuständig. Johannes Pausch erinnert sich: „Ich war ziemlich beunruhigt, als ich feststellen musste, dass die jungen Leute in den Orden eingetreten, aber kurz darauf wieder ausgetreten sind." Das dürfe doch nicht sein, dachte sich der Pater. „Da können wir die Klöster ja bald zusperren." Nun lehrte der Mettener Mönch gleichzeitig und recht erfolgreich an der Salzburger Uni zum großen Thema „Grenzfragen der Theologie und Psychologie". Einige Studenten eröffneten ihm: „Wenn Sie ein Kloster gründen, dann tun wir mit." Das war Antwort zwei und schlussendlich die Gewissheit, dass jetzt etwas passieren müsse. Der Benediktiner machte sich zunächst im neuen deutschen Osten auf die Suche – erfolglos. Und er wollte auch kein „Besser-Wessi" sein.

Rastlos ging es weiter, bis ihm die Franziskanerinnen von Au am Inn (Kreis Mühldorf) einen Tipp gaben: Ihr Kinderheim am Rand von St. Gilgen am Wolfgangsee stehe leer. Aber es sei halt in Österreich, wo es doch so viele Benediktinerabteien gebe. Doch für den Oberpfälzer stand bald fest: Er hatte hier im Salzkammergut seinen Platz gefunden und zwar einen ganz besonderen. Schon allein wegen dieses Platzes wird auch ein Mönch unserer Tage zum Klostergründer. Dazu muss man wissen, dass die Benediktiner traditionell feine Antennen für Orte haben, von denen eine ungewöhnliche Anziehungskraft ausgeht. Als der Orden vor 1.500 Jahren auf der europäischen Bildfläche erschien, respektierten viele seiner Mönche die Empfindsamkeit insbesondere der keltischen Einwohner, was Zustände und Vorgänge in der Natur betrafen – bis auf den Ordensheiligen St. Bonifaz, der im heutigen Geismar im Hessischen die Donareiche als Heiligtum der Germanen zu Kleinholz hackte. Die sowohl naturwissenschaftlich gebildeten, als auch mystisch veranlagten Mönche stellten fest, dass die Menschen Plätze mit Kraftzentren aus dem Erdinneren als magische, geheiligte Orte besonders verehrten. Die Benediktiner empfanden diese Orte ebenfalls als heilig und bauten ihre

Klöster bevorzugt an solchen Plätzen. Das Wissen um solche Plätze verbirgt sich heutzutage in dem Begriff „Geomantie".

Der Platz für das neue Kloster lag außerdem an einem Weg, den die Menschen nicht nur in dieser Ecke des Salzkammergutes schon zu Urzeiten als einen heiligen Pfad verehrten. Christlich-heilig wurde die Wegstrecke vom Mondsee her durch einen Benediktinermönch, der Ende des 10. Jahrhunderts Bischof von Regensburg war und dem anderen See am Endpunkt des Weges seinen Namen gab: der Heilige Wolfgang, der hier regelmäßig als Pilger und Einsiedler unterwegs war. 1000 Jahre später machten sich der andere Benediktinermönch und die paar Studenten, die ihm Hilfe beim Klostergründen versprochen hatten, ans Werk. Unter den widrigsten Bedingungen – kaum etwas zu Essen, kein Geld, schlechtes Wetter – begann Pater Johannes mit den Seinen ab 1993 mit dem Bau des Klosters. Die Bewohner, die anfangs das Treiben der kleinen Schar mit größtem Misstrauen verfolgten, stellten wenig später fest: „Diese Mönche, die spinnen zwar. Aber das mit dem Kloster meinen die ja ernst." Die Ton angebenden Frauen vor allem gewannen Achtung vor den zielstrebigen Männern aus der Fremde. Der Pater in der Rückblende: „Das erste, was wir hier geschenkt bekommen hatten, war eine ganze Sau. Und das erste – natürlich nach dem Beten –, was wir gemacht haben, waren Leber- und Blutwürste." Bald halfen die Menschen aus der ganzen Gegend beim Klosterbau.

Der Traum des sturen Mönchs aus Metten wurde allmählich Wirklichkeit. Der Kreuzgang aus einer Holzspende der Benediktiner von Kremsmünster entstand, gleichzeitig die Kapelle, selbst entworfen, gezeichnet

Vielseitigkeit ist gefragt: Eine Bedingung für die Aufnahme ins Kloster ist es, wenigstens zwei Berufe erlernt zu haben, ob nun Kellermeister, Goldschmied, Maler oder Musiker.

und künstlerisch ausgestaltet von einem der jungen Mönche; sie war fast ein Schwarzbau. Eins fügte sich bestens zum anderen: Die Konzession zur Spirituosenherstellung kam nach Prüfung der Likörproben durch die Wirtschaftskammer in Salzburg mit dem Hinweis eines offenbar am Glauben zweifelnden, aber dem Klosterlikör zugeneigten Hofrates: „Herr Pater, hören'S auf mit dem Predigen und machen'S dafür einen guten Likör, da machen Sie den Leuten viel mehr Freude." Bald darauf hatte das junge Kloster einen berühmten Anhänger, der nicht nur die Spirituosenpalette zu würdigen wusste: Den damaligen Bundeskanzler Helmut Kohl, der das nahe St. Gilgen zu seinem ständigen Urlaubsort gemacht hatte und bis heute gerne ins Kloster nach Winkl geht. Der Ex-Kanzler empfahl seinesgleichen das Kloster Gut Aich weiter. Es verwundert nicht, dass manch einer der Mächtigen dieser Welt gerne hierher kommt, um wieder Mensch sein zu können. Johannes Pausch, der unter den Männern der Gegend nicht nur Freunde hat (Originalzitate: „Der Prior von Gut Aich ist hart und rücksichtslos, wenn es um wirtschaftliche

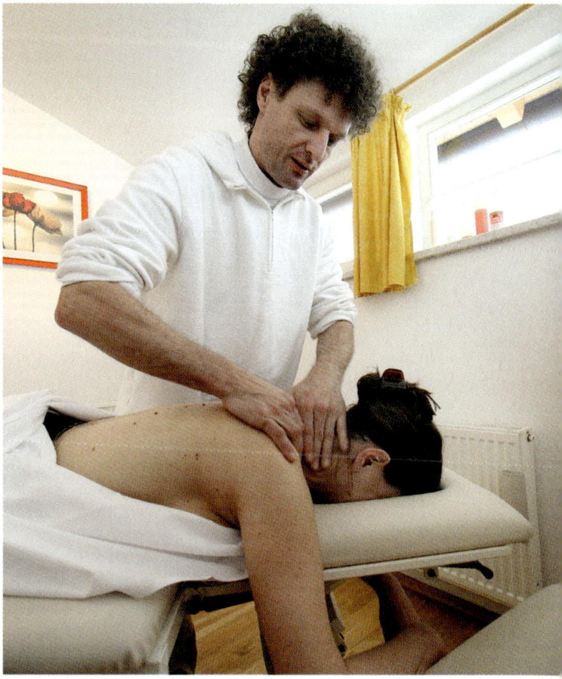

Kompetentes Personal wie Bruder Emmanuel (rechts), der Physiotherapeut ist, ermöglichte den Aufbau des „Hildegard-Zentrums".

Entscheidungen geht." Oder: „Er ist ein unnachgiebiger Mensch, kein guter Mensch"), war es nämlich gelungen, nicht nur die Klosterkellerei erfolgreich zu starten.

Drei Jahre nach der Klostergründung baute der Pater mit seinen Mitbrüdern den ehemaligen Bauernhof des Kinderheims zum sogenannten Hildegard-Zentrum (benannt nach der großen Benediktinerin und Heilkundlerin Hildegard von Bingen) als ein Ambulatorium für Physio- und Psychotherapie um. Das war möglich, weil jeder der mittlerweile sieben Mönche von Gut Aich mindestens zwei Berufe erlernt hatte, was übrigens eine der Bedingungen für den Eintritt in dieses Kloster ist. Pater Johannes: „Am besten sind ein Kopfberuf und ein Handberuf." Geballte Kompetenz für das Heilzentrum kam da zusammen: Psychologie und Psychotherapie, heilendes Pflanzenwissen, Sport, Kunst, Logistik, Hauswirtschaft.

Das junge Kloster entwickelte sich prächtig und wurde in halb Europa zum Geheimtipp. Das sei eine Tankstelle für ausgebrannte Menschen, hieß es. 2004 dann die offizielle Erhebung zum Benediktinerkloster. Pater Prior, wie sich Johannes Pausch seither nennen kann, und seine kleine Mönchsschar hatten den Traum vom Kloster Wirklichkeit werden lassen. Eines seiner persönlichen Ziele hat der Prior auch erreicht: Die Leute verlassen eher gut gelaunt die Kirche, vor allem die Kinder, die von den Mönchen nach dem Gottesdienst regelmäßig Kasperltheater geboten bekommen. Und außerdem: Die herrschenden Frauen der Gegend, aber auch die Männer sind heute stolz auf „ihre" Benediktiner. Anscheinend haben ihnen die Mönche, wie der Prior es als Psychologe sieht, durch ihre Arbeit den Beweis für die „Funktion des verantwortlichen Mannseins" geliefert. Wahrscheinlich haben die meisten ja auch besonderen Gefallen am Lieblingsthema der Predigten des Klosterchefs gefunden, dem Mist. „Man kann daraus Humus machen und muss nicht immer nur Gülle produzieren", sagt er fast genießerisch.

Merkel drei Tage bei Wasser und Brot ...

Die Mönche des Europa-Klosters Gut Aich und ihre Pläne für die Friedensarbeit

Aus ist es mit „frischem Trüffel auf Champagnerschaum an Wachtelbrüstchen" und sonstigen erlesenen Speisen und edlen Tropfen, in prächtigen Sälen serviert von einem Heer dienernder Ober. Ab sofort gibt's in Selbstbedienung schlichtes Wasser und trockenes Brot. Ansonsten wird gefastet, wenn es sein muss tagelang. Endloses Palavern? Gesprochen wird nur, wenn jemand etwas zu sagen hat. Sonst wird geschwiegen, sich konzentriert, nachgedacht und nachgefühlt. Wetten, dass so bei G-8-Gipfeln, Friedensverhandlungen, Koalitionsgesprächen, Aufsichtsratssitzungen, Tarifauseinandersetzungen, beim Runden Tisch oder bei der Zusammenkunft des Familienrats ganz ausgezeichnet und zügig gearbeitet wird? Wenn es nach den sieben Mönchen des 1993 gegründeten Benediktinerkloster Gut Aich mitten im Salzkammergut geht, dann sollten solch strenge Regeln für Menschen auf ihrer Suche nach Resultaten bald schon gelten. Die Gottesmänner wollen Frieden in und um den Menschen erlernbar machen – durch ein kühnes Projekt.

Was die Benediktiner in einem der jüngsten Klöster Europas anpeilen, ist eigentlich die uralte Sache des Ordens, dem ältesten des Kontinents. Vor knapp 1.500 Jahren machten sich die ersten Benediktiner missionierend auf den Weg, wobei für sie Landesgrenzen ebenso wenig wie weltliche Macht Bedeutung hatten. Ebenso supranational war die Verständigung untereinander geregelt: Man nutzte die damalige Universalsprache Latein. Außerdem hatten die Ordensleute noch für jeden, den sie auf dem Kontinent trafen, die zentrale Botschaft dabei: „Unter Euch wohnt Gott" – auch wenn das damals wie heute nicht jeder sofort spannt. Und nicht zuletzt machten sie den Menschen klar, dass jeder Einzelne wichtig sei und jeder in Frieden mit sich, seinem Nächsten und dem Herrgott leben solle. Dass die Europäer den Ordensgründer Benedikt 1964 zu ihrem Patron machten, lag auf der Hand.

Folgerichtig nennen sich die Mönche von Gut Aich „Benediktiner für Europa" und packen nun mutig besagtes Projekt an. Sie wollen ihr Kloster zum „Europa-Friedenszentrum Kloster Gut Aich" um- und ausbauen. Schritt für Schritt sollen ein Seminarzentrum, eine Friedenskirche und eine Friedensakademie entstehen. Dazu noch eine Friedensschule, in der die Mönche zusammen mit weltlichen Lehrern zum Beispiel Soldaten auf Friedenseinsätze vorbereiten. „Es soll ihnen noch etwas anderes als nur das Schießen beigebracht werden," sagt Klosterchef Pater Prior Johannes Pausch, der mit seinen Mitbrüdern schon seit der Klostergründung 1993

vom Friedenszentrum zwischen Mond- und Wolfgangsee träumt. In diesem Zentrum sollen die Religionen miteinander ins Gespräch kommen. Denn Pater Johannes weiß, dass „die meisten Konflikte dieser Welt aufgrund von religiösen Konflikten entstehen." Wie ernst es den Mönchen mit dem Friedensprojekt ist, zeigt sich auch durch die Farbe ihrer Kutten. Benediktiner tragen üblicherweise das lange Schwarze. In Gut Aich haben sie sich für Kutten sowie Hosen mit Jacken aus hellem Naturstoff entschieden, was ihnen ordensintern und hinter vorgehaltener Hand schon ein wenig negative Kritik eingebracht hat.

Das Bekritteln von solchen Äußerlichkeiten hat seine Gründe. Einige im Orden sowie innerhalb und außerhalb der katholischen Kirche haben noch Schwierigkeiten damit, wie in dem jungen Kloster die Regeln des hl. Benedikt und der Glaube gelebt wird: In keinem katholischen Kloster in Europa hört man Mönche Schlag Zwölf Uhr mittags ein Friedensgebet beten und zwar ein sehr leidenschaftliches. In Gut Aich schon. Das tun die Aicher Mönche, seit dem 11. September 2002. Konservative Christen fühlen sich in eine andere Glaubenswelt versetzt, wenn sie das sehen: Bei der Mittagshore, einem der sechs täglichen Gebetstermine der Benediktiner, wird meditiert und das nicht im Chorgestühl, sondern auf Gebetsteppichen wie bei den Moslems. So fern ist das den Benediktiner nicht. Auch der Ordensgründer suchte die Gottesnähe auf seinem Gebetsteppich, einem „Psiathion". Die nächste Überraschung: Meditiert wird nicht nach Geschlechtern getrennt, sondern Weiblein und Männlein miteinander, im Alltagsgewand, ab und zu freudig stöhnend, wenn wieder eine Etappe auf dem Weg zur Nähe Gottes erreicht ist. Der Meditationsraum ist voll, jeden Tag, wenn die Mönche zum Gebet rufen. Es kommen Fremde, Freunde, an Leib und Seele Kranke, Pumperlgesunde. Alle wollen gemeinsam die Stille erleben, die es möglich macht, viele Schritte hinein in die Welt des Glaubens zu tun. Am Boden in der Mitte des Raumes brennt eine Kerze auf einem gestickten Kreuz, daneben stets ein frisch geschnittener, kräftig duftender Strauß Blumen und ein Band, auf dem steht: „Ich bin der, der da ist."

Allmächtiger, gütiger und barmherziger Gott, mit allen Menschen guten Willens bitten wir um den Frieden in dieser Welt.

Rühre Du die Herzen der Menschen an und gib uns Gedanken des Friedens und der Versöhnung. Erfülle Du die Menschen mit Ehrfurcht vor dem Leben eines jeden Einzelnen, vor dem Leben aller Völker, Religionen und Nationen und vor dem Geschenk der Schöpfung.

Gib, dass der Wille zum Frieden den Hass überwindet und Rache der Versöhnung weicht. Lass die Menschen erfahren, dass sie alle Deine Kinder und Geschwister sind, denen Du Deine Liebe schenkst.
Und lass uns selbst in dieser Liebe leben.

Gütiger Gott, mach' mich und alle Menschen zum Werkzeug Deines Friedens.

Amen

Das Friedensgebet der Mönche vom Kloster Gut Aich, das seit 2002 täglich um 12:00 Uhr gebetet wird.

Gebetsteppiche statt Chorgestühl – und wenn die Mönche zum Gebet rufen, sind alle dazu eingeladen.

Nach der halben Stunde Meditation wieder eine Situation, wie sie selbst heutzutage in anderen Männerklöstern unter dem Dach der katholischen Kirche nur selten möglich ist: Im Refektorium, seit Benedikts Zeiten der Platz für die Mahlzeiten, findet sich eine bunte Runde aus Mönchen, Nonnen sowie „Zivilisten“ beiderlei Geschlechts ein. So was gab's über die Jahrhunderte offiziell nie: Frauen am Tisch der Mönche, in deren innerstem und nach außen abgeschirmtem Bereich. Traditionell zählt das Refektorium zusammen mit dem Dormitorium, früher der Schlafsaal, heute die Zellen der Ordensleute (lateinisch *dormire* für schlafen) und dem Kapitelsaal (lateinisch *capitulum* für Köpfchen), dem Versammlungsraum von Nonnen oder Mönchen, zum absoluten Intimbereich eines Klosters namens Klausur (lateinisch *clausus* für geschlossen, daher auch *claustrum* für geschlossener Raum = Kloster). Über solche angebliche Tabubrüche können sich, wie gesagt, Kritiker des Klosters furchtbar aufregen. Pater Johannes lächelt dazu milde und verweist auf die Regel des Heiligen Benedikt: „Wir haben eine Klausur, aber unsere Hauptaufgabe ist das gemeinsame geistliche Leben“ und: „‚alle Gäste', sagt der hl. Benedikt ‚sollen wie Christus aufgenommen werden.' Alle“, betont der Prior. In einer Beschreibung von Gut Aich hat er, auch adressiert an die Kritiker, deutlich gemacht: „Ein Kloster will lebendige Kirche sein, nicht ein Verein von Religionsfunktionären.“ Nicht nach den äußerlichen Funktionen werde das Leben eines Klosters beurteilt, sondern nach dem Leben, das durch dieses Kloster vermittelt werde.

Die Vermittlung von Leben im jungen Benediktiner-Kloster mit seinem Gästehaus und seinen Betrieben boomt. Die Mönche und 20 MitarbeiterInnen an weltlichem Personal bilden Menschen aus, die andere in Schulen, in Gemeinden oder Betrieben geistlich begleiten. Oder sie schulen Lehrpersonal, das Meditationsunterricht gibt. Oder sie veranstalten Gesundheits- und Fastenwochen. In ihrem „Hildegard-Zentrum" bieten sie Heilwerden an Körper und Seele an, durch Physiotherapie und Massage, kombiniert mit Psychotherapie. Profit spielt dabei keine Rolle. Pater Johannes ist auch da auf benediktinischer Line und im besten Sinne alternativ: „Mit der Gesundheit darf man kein Geschäft machen." Das sei ein Non-Profit-Unternehmen, die Erträge dienten zur Deckung der Kosten und der Investitionen. Hochprozentige Lebensvermittlung kommt aus der Klosterkellerei, wo aus Kräutern und Früchten munter machende Liköre und Schnäpse werden. Ein Geheimtipp für Kenner.

Jetzt bauen die Mönche gerade den neuen Klosterhof, in dem Arbeitsplätze nicht nur für Mönche geschaffen werden sollen: Dort wird Platz für die Schau-Kellerei des Klosters und den Klosterladen, die Gold- und Silberschmiede, die EDV-Firma des Klosters, Büros, für die Wohnungen der Angestellten, für einen Meditationsraum sowie Informations- und Präsentationsräume für das „Europa-Friedenszentrum". „Arbeitsmöglichkeiten schaffen ist ein Zeichen des Glaubens gegen die Resignation und Depression in unserer Gesellschaft", meinen die Mönche von Gut Aich und krempeln die Kuttenärmel auf, nachdem sie sich aus dem Gebet ihre Kraft und Zuversicht geholt haben.

Der Klosterchef, selbst Psychotherapeut, Meditationslehrer und Kellermeister, stellt klar, dass man nicht dazu da sei, „tolle Psychotherapie oder gute Liköre" zu machen. Die Mönchsgemeinschaft tue das, was sie

Biblische Geschichten, spannend erzählt: die Kindergottesdienste erfreuen sich regen Zulaufs.

„Alle sollen wie Christus aufgenommen werden", sagt der hl. Benedikt. Und so finden auch Nonnen und Laien Platz am Tisch der Mönche.

Der „Klosterhund" Jolly ist den Mönchen eines Tages zugelaufen.

könne: „Gott suchen, mehr nicht". Das führt jedoch dazu, dass Gut Aich stets ein Jahr im voraus ausgebucht ist. Menschen aus ganz Europa kommen hierher. Wegen edler Tropfen und guter Therapien allein geht man nicht ins Kloster. Pater Johannes kennt mittlerweile die Gründe: „Die Menschen wollen in Beziehung zu Gott kommen." Das Schlimmste sei, den Leuten zu sagen, man habe keinen Platz mehr. Der Prior berichtet: „Wir erleben große Not und Menschen mit großer Sehnsucht nach Leben und Frieden." Da sind die verzweifelte Mutter mit ihrem misshandelten Kind oder der am Boden zerstörte Bankdirektor mit seinem selbstmordgefährdeten Sohn. Sie würden trotz vollen Hauses an der Klosterpforte nicht abgewiesen. „Wenigstens ein gutes Wort und ein offenes Ohr sollten die Menschen bekommen."

Ist Gut Aich der Klostertyp der Zukunft? Die Mönche hielten sich eigentlich nur strikt an die Ordensregel, beteuert der Klosterchef. „Aber Benediktiner waren immer schon revolutionär gewesen." Die Ideen des jungen Klosters greifen bereits auf andere über. Im fernen Jerusalem, im Benediktinerkloster „Hagia Maria Sion" mit dem deutschen Abt Benedikt Lindemann, wird gerade auch ein Friedenszentrum für Juden, Moslems und Christen gebaut, mit denselben Zielsetzungen wie in Gut Aich. Nicht ganz so weit weg, etwa in Berlin, könnten auch Impulse gebraucht werden. Gut vorstellbar wäre, wenn zum Beispiel der Bundestag oder das Bundeskabinett das Heilfasten einführen würden. Drei Tage bei Wasser und Brot und nur dann reden, wenn nachgedacht wurde – wer weiß: Vielleicht wird dann doch noch etwas aus diesem Land.

Benediktinerkloster Gut Aich

Adresse:
Benediktinerkloster Gut Aich, Winkl 2, A-5340 St. Gilgen, (Gemeinde St. Gilgen, Land Salzburg, Österreich), Tel.: 0043 6227 2318 0, Fax: 0043 6227 2318 33, Email europakloster.gutaich@aon.at oder gutaich@europakloster.com; Internet: www.europakloster.de

Anfahrt:
Über A8 München-Salzburg (in Österreich A1), Ausfahrt Mondsee, dann B 154 (Richtung St. Gilgen) nach 9 km: Winkl, Kloster am Ortsplatz. Per Bahn bis Salzburg Hbf, Bus nach St. Gilgen, Abholdienst am Busparkplatz.

Klostergründung:
1993 in Gut Aich, Gemeinde St. Gilgen (Österreich)
Derzeitiger Klosterchef: Pater Prior Dr. Johannes Pausch.

Tätigkeiten des Klosters:
Seelsorge, wissenschaftliche Theologie, Erwachsenenbildung, Psychotherapie, Physiotherapie, Malerei, Goldschmiedekunst, Produktion von Heilmitteln, Kosmetika, Lebensmitteln, Kräuterlikören.

Einrichtungen und Angebote der Benediktiner von Gut Aich:
Schulungen in Meditation und geistlicher Begleitung, klostereigenes Hildegard-Zentrum mit Massage (u. a. Shiatsu) Darmreinigung mit Colon-Hydro-Therapie, Physiotherapie, Psychotherapie (Näheres unter www.kirchen.net/upload/2854_Falter.pdf), Europa-Friedenszentrum mit Friedensschule (Näheres siehe Internet www.europakloster.de), Klosterkellerei mit reichhaltigem Angebot an Kräuterlikören, Kräutertinkturen, Kosmetik, Essig und Öl (Näheres unter www.kirchen.net/upload/7472_Bestellformular.pdf), gut sortierter Klosterladen u. a. mit zahlreichen Büchern (Ratgeber, Lebenshilfe) von P. Johannes und Wellness-Produkten aus eigener Herstellung, nach uralter Tradition angelegter Kräutergarten.

Besonderheiten:
Wunderschöne Lage zwischen Mondsee und Wolfgangsee, direkt am Pilgerweg des hl. Wolfgang, einem Wallfahrtsweg vorchristlichen Ursprungs, heute europäischer Pilgerweg „Via Nova". Am Weg die Kirche am Falkenstein mit angeblich heilendem Schlupfstein und eine Wasserkapelle mit einer uralten Quelle.

Gastronomisches und touristisches Angebot:
www.wolfgangsee.at/alias/wolfgangsee/de oder www.tiscover.at/st.gilgen oder www.gemgilgen.at

Die Frauen zwischen den Fronten

Bayerns Missionsbenediktinerinnen und die Geschichte vom Gottvertrauen

An gschpinnerte Künstler und vorlaute Sommerfrischler hatte sich das winzige verschlafene Fischerdorf am Westufer des Starnberger Sees ja schon gewöhnen müssen; auch an diesen seltsamen Herrn Tondichter Johannes Brahms, der in Ufernähe für sie schwer verdauliche Musik komponierte. Aber das, was sich da am Morgen des 29.Juli 1904 in Tutzing abspielte, übertraf alles bisher Dagewesene: 86 Frauen, jüngere und ältere, gehüllt in wallende weiße Gewänder, rot gegürtet, zogen die Bahnhofstraße hinunter in Richtung See. In zwei Extrawaggons der Reichsbahn war die merkwürdige Schar am Bahnhof angekommen. Wie den Renken im See standen den Tutzingern die Münder offen, vor lauter ungläubigen Staunens. Hätte ihnen damals jemand gesagt, dass diese Frauen das Fischernest einmal weltberühmt machen würden, derjenige wäre vermutlich zum Dorf hinausgeprügelt worden.

Dabei handelte es sich eigentlich um einen ganz normalen Umzug. Von St. Ottilien hinterm Ammersee kommend waren Schwestern, Novizinnen und Klosteranwärterinnen der Missions-Benediktinerinnen in Tutzing angelangt und wollten endlich im eigenen Kloster leben. An diesem Julitag 1904 zogen sie in den erst halbfertigen Klosterbau im neuromanischen Stil ein, den ein Münchner Architekt entworfen hatte. Davor waren sie zusammen mit ihren Mitbrüdern von einem ordensfeindlichen Regensburger Bischof aus der Oberpfalz hinausgeekelt worden und hatten in besagtem St. Ottilien eine vorübergehende Bleibe gefunden. Missionsbenediktinerinnen in Tutzing? Musste das Fischerdorf noch einmal missioniert und christkatholisch gemacht werden? Vielleicht hätte es nicht geschadet.

Der Ordensgründer Pater Andreas Amrhein

Aber es ging um weitaus Größeres: Der Benediktiner-Mönch Andreas Amrhein aus dem Kloster Beuron, zwischen Stuttgart und dem Bodensee gelegen, war regelrecht besessen von der Idee, das Wort Gottes in die

Missionsbenediktinerinnen, OSB

OSB = Ordo Sancti Benedicti, Orden des heiligen Benedikt

Ordensgründer: Benediktinerpater Andreas Amrhein.
Ordensgründung: 1885 in St. Ottilien (Ammersee).
Ordenstracht (lat. Habitus): Schwarzes, langes Kleid, weißer Schalkragen, schwarzer Schleier.

Gegenwärtig 1.500 Nonnen in 6 Kontinenten und 21 Ländern in einer Kongregation (Zusammenschluss mehrerer selbständiger Klöster), betreut von der Missions-Prokura des Klosters in Tutzing.

Der Konvent der Missionsbenediktinerinnen im Jahr 1914

Welt des ausgehenden 19. Jahrhunderts hinaus zu tragen und Dienst am Nächsten zu tun – genauso wie die benediktinischen Missionare vor 1.400 Jahren bei der Christianisierung Europas. Im Visier hatte der Mönch Länder und Kontinente, die weiße Flecken auf der Karte des Christentums waren. Der gebürtige Schweizer gründete daher 1884 mit päpstlicher Genehmigung einen eigenen Ordensableger, die Missionsbenediktiner, die er im Königreich Bayern um sich sammelte. Frauen und Männer des Ordens sollten, so die damalige Sicht, in der Fremde möglichst viele Seelen für die römisch-katholischen Kirche sammeln. Hurtig machten sich Nonnen und Mönche ans Werk.

Bald platzte das 1885 in St. Ottilien gegründete Mutterhaus aus allen Nähten. Zu allem Überfluss hatte der bienenfleißige Ordensgründer Amrhein seine Kräfte überschätzt. Er stürzte in tiefe Depressionen und zog sich zurück. Dennoch war die Sehnsucht der Nonnen nach einem eigenen Kloster mindestens genauso stark wie der missionarische Drang.

Die Zeiten aber waren nicht danach, mit christkatholischen Glaubensanliegen daherzukommen. Im Deutschen Reich an der Schwelle zum 20. Jahrhundert tobte der sogenannte Kulturkampf, ausgelöst durch den Vatikan. Papst Pius IX. hatte eine schwarze Liste all dessen veröffentlicht, was denkerisch und politisch seiner Meinung nach in den Giftschrank der Menschheit gehörte: Der Rationalismus oder der Naturalismus ebenso wie der Nationalismus, der Liberalismus oder der Sozialismus. Und damit alle Welt wusste, dass der Papst so etwas nur einmal verkündet, setzte er als „Sahnehäubchen" noch eins drauf: Er erklärte sich in Fragen des Glaubens und der Sitte für unfehlbar.

Klar, dass all das zum Beispiel den Lutherischen überhaupt nicht schmeckte. Und einem evangelischen Reichskanzler Otto von Bismarck gleich zweimal nicht. Der Kanzler nahm die Katholische Kirche unter ein gewaltiges Sperrfeuer, das die heute geltende scharfe Trennung von Kirche und Staat zur Folge hatte: staatliche Aufsicht für alle Schulen, Einführung der Zivilehe, Erleichterung des Kirchenaustritts, Entzug aller staatlicher Unterstützung, Meldepflicht für Geistliche, Festnahme und Ausweisung aller Bischöfe in Preußen, Verbot der Jesuiten, Abbruch der diplomatischen Beziehungen mit dem Vatikan. Die Zentrumspartei, vergleichbar mit der heutigen CDU, tobte. Die Spannungen entluden sich leider auch in einem Mordanschlag des katholischen Handwerkers Eduard Kullmann auf Bismarck 1874 in Bad Kissingen. Der Reichskanzler überlebte leicht verletzt, der Attentäter wurde zu 14 Jahren Haft verurteilt und starb im Zuchthaus im oberpfälzischen Amberg. Dem 16jährigen Kulturkampf zwischen Deutschland und der katholischen Kirche setzte Papst Leo XIII. als Nachfolger von Pius IX. dann 1887 ein vorläufiges Ende. Die Folgen des erbittert geführten Kampfes aber wirkten lange nach.

Wer zu dieser Zeit ausgerechnet ein christliches Missionswerk auf die Beine stellen wollte, hatte selbst im katholischen Königreich Bayern ganz schlechte Karten. Obendrein war vom König, der damals Ludwig II. hieß und bereits vor sich hin dämmerte, nichts zu erwarten. Doch die Nonnen hatten Glück im Unglück: Die Familie des streng katholischen, königlich-bayerischen Medizinalrats und Freiherrn Johann Nepomuk von Ringseis, stellte den Benediktinerinnen ein großes Grundstück in schönster Tutzinger Lage für den Klosterbau zur Verfügung. In das halbfertige Gebäude zogen also an diesem Juli-Montag anno 1904 die Nonnen ein.

Das Missionieren draußen in der Welt hatte die Gottesfrauen bereits in St. Ottilien begonnen. Erste Station war Deutsch-Ostafrika, das heutige Tansania, danach Brasilien. Von kleinen Fischerdorf Tutzing aus brachen dann 1906 die ersten Nonnen nach den Philippinen auf, bauten dort Schulen und ein soziales Versorgungsnetz auf. Für ihre Arbeit in der Fremde bereiteten sich die Benediktinerinnen gewissenhaft vor, lernten die jeweiligen Sprachen und erwarben die in den jeweiligen Ländern anerkannten Diplome für ihre Tätigkeiten. Sogar die USA erkoren die Nonnen zum Missionsland aus und kümmern sich unter anderem seit 1923 um die Menschen in einem Indianerreservat in Nebraska.

Die Missions-Benediktinerinnen kennen die Weltkarte in- und auswendig.

Bei Missionsschwestern tauchte auch damals immer wieder das Bild von der kleinen zarten Nonne auf, allein in Gottes weiter Welt und umgeben von blutrünstigen Heiden. Weil sie ihre Mission stets zu den ethnischen, sozialen und politischen Brennpunkten und Konfliktherden auf dem Erdenrund führte, gerieten und geraten die Tutzinger Nonnen bei ihrer Arbeit immer wieder in größte Gefahr. Nicht einmal Lloyd's würde sie versichern. „Gottvertrauen" hieß deshalb schon immer die Assekuranz der Tutzinger Nonnen – etwa beim Einmarsch der Roten Armee in Bulgarien, im Bürgerkrieg in Angola oder im Kongo oder im Dauerkonflikt zwischen Nord- und Südkorea.

Im Kloster im Fischerdorf, das sich im Lauf der Zeit zum High-Society-Vorort von München mauserte, hatten die Schwestern auch emsig an der stabilen Basis des Ordens gearbeitet. Ein Krankenhaus, eine Real-, eine Missions- und eine Krankenpflegeschule sowie ein Klostergut kamen dazu und nach und nach entstanden unter dem Dach des Priorats Tutzing Schwesterngemeinschaften in Nordrhein-Westfalen, in der Schweiz und zuletzt in Dresden. Dank zweier spendabler Wohltäter kamen die Benediktinerinnen in den Besitz des nahegelegenen, uralten Klosters Wessobrunn und des ehemaligen Augustiner-Chorherrenstiftes im angrenzenden Bernried. Auch wenn die Nazis die Schulen schlossen, 1941 gar das Kloster wegen „staatsfeindlicher Gesinnung" beschlagnahmten und die Schwestern vertrieben, sie hatten gewiss nicht mit der hartnäckigen benediktinischen „Stabilitas Loci", der Ortsbeständigkeit, gerechnet, die auch „Treue, Durch- und Aushalten" bedeutet. Jedenfalls kamen die Frauen im mittlerweile schwarzfarbenen Ordensgewand wieder und bauten die Kongregation der „Missionsbenediktinerinnen von Tutzing" als Zusammenschluss vieler Klöster des Ordens zu einem weltumspannenden Verband weiter aus, zu einem Global Player der Menschlichkeit.

Die Zeiten, da die Nonnen die „Wahrheit des Glaubens" mit mehr oder weniger sanftem Druck verbreiteten, sind vorbei. Wie es heute heißt, wird diese Wahrheit anderen Menschen auf anderen Kontinenten angeboten. Die Missions-Benediktinerinnen wissen, dass das Glauben in der sogenannten Dritten Welt weit lebendiger ist als bei uns. Wie sagt deshalb die amtierende Schwester Priorin Hedwig Willenbrink: „Die Mission beginnt vor der Haustüre."

Und damit trifft sie genau das Anliegen von Papst Benedikt XVI., das er den Gläubigen bei seiner Predigt in München am 10. September 2006 ins Stammbuch geschrieben hat.

Die Global Prayer vom Starnberger See

Tutzinger Benediktinerinnen spinnen ein weltweites Netzwerk der Menschlichkeit

Global Player – bei diesem supercoolen Zeitgeistbegriff wird in bayerischen Orden und Klöstern nur milde gelächelt. Was manch ein Unternehmen gerne tun möchte, betreiben die Ordensleute schon seit über 1.400 Jahren: über alle Ländergrenzen hinweg unterwegs sein, Filiale um Filiale gründen und ordentlich Umsatz machen. Letzteres, bezogen auf das Wirken der Mönche und Nonnen beim Sammeln bekehrter Seelen vor allem zu Kolonialzeiten, ist nicht immer gut gelungen. Heute aber sind sie als Global Player der Menschlichkeit selbst in China geachtet. Mitten im Münchner Speckgürtel, im Nobelvorort Tutzing, ist die Schaltzentrale eines weltumspannenden Unternehmens, das – der Gag muss jetzt sein – eigentlich „Global Prayer", „weltweit Betende", heißen müsste: Es ist der Orden der „Missions-Benediktinerinnen von Tutzing" mit 1.500 Nonnen auf 6 Kontinenten und in 21 Ländern.

Danach kann man blind gehen: An den prächtigsten Plätzen in Bayern stehen meistens Klöster. Da machen die Missions-Benediktinerinnen keine Ausnahme. Vom Tutzinger Kloster aus bietet sich ein Blick über den Starnberger See wie er schöner nicht sein kann. Bei Föhntagen wird's gar berauschend, wenn die Alpenkette wie ein gleißendes Diadem über dem blauem Wasser schwebt. Einen solch selten schönen Ausblick hat die Tutzinger Top-Managerin in Gottes Namen, wenn sie ihn denn überhaupt genießen kann: Schwester Priorin Hedwig Willenbrink ist die Chefin des deutschen Priorates mit 5 Klöstern. Die Schaltzentrale der gesamten Kongregation liegt bei der Generalleitung in Rom. Hier sind weltweit 13 eigenständige Priorate als Kongregation (lateinisch *grex* = Herde, Schar oder *congregare* = versammeln) zusammengeschlossen. Die Klöster in Europa, Nord- und Südamerika, Afrika und Asien betreiben insgesamt 134 Einrichtungen: Kindergärten, Schulen, Fachakademien, Erwachsenenbildung, Krankenhäuser, Altenheime. Und Tutzing ist sozusagen der Schreibtisch des globalen Unternehmens.

Die Priorin, die unter anderem ein Pharmazie-Studium absolviert hat, weiß natürlich, dass der Begriff „Mission" nicht ganz unbelastet ist. Da klingt Schlimmes heraus, wie die zwanghafte Bekehrung oder der menschenverachtende Kolonialismus mit Folgen bis in die heutige Zeit. Die Missions-Benediktinerinnen von heute aber wollen „von der Patenschaft zur Partnerschaft, von der Dritten Welt zur Einen Welt und von der lehrenden zur lernenden Mission." In Tutzing werden die Schwestern in diesem Sinn fit gemacht für die oft lebensgefährliche Arbeit in jenen Regionen, die meistens Krisenherde sind oder wo die Gewalt gnadenloser Diktatoren selbst vor Frauen im Ordensgewand nicht Halt macht.

Warum begeben sich Frauen, die es zu Hause sicher und bequem hätten, in solche Gefahr? Die Spitzenmanagerin der globalen Nächstenliebe überlegt nicht lange und findet die Antwort in der Regel des heiligen Benedikts:„Wenn Du weitergehst, weitet sich das Herz." Damit sei der Drang nach draußen zu erklären, sagt Schwester Hedwig und schiebt gleich den Inhalt des Auftrags für die heutige Mission nach: „Da, wo wir sind, wollen wir Zeugnis von Jesus Christus geben." Konkret heißt das zum Beispiel: das größte Nicht-Regierungsprogramm für HIV/AIDS in Namibia, eine Volksschule im kenianischen Nairobi, Aufarbeitung der Folgen des Bürgerkriegs in Angola, Ernährungsprojekte für Kleinstkinder im brasilianischen Olinda, Wasser für Bahia (Brasilien) oder ein 500-Betten-Hospital und eine mobile Klinik für die Landbevölkerung in Nordchina.

Oft dauert es nicht lange, dann stehen die Tutzinger Missions-Benediktinerinnen zwi-

Die Abendmahlsszene in Afrika geschnitzt: Priorin Hedwig mit einem erinnerungsträchtigen Kunstwerk

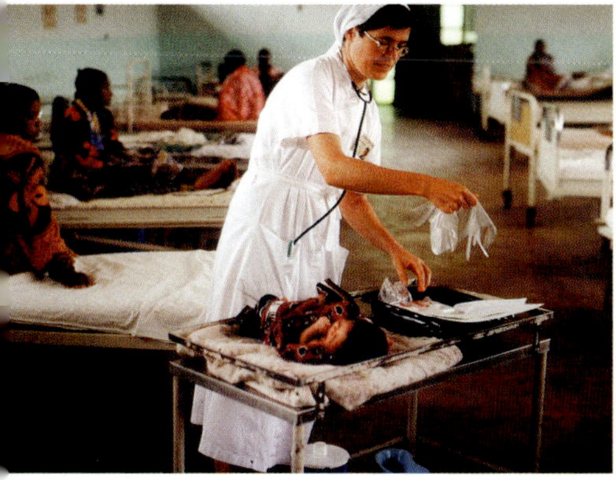

Das Reisebüro Gottes: Schwester Martha organisiert die Touren ihrer Mitschwestern. – Der Bahnhof Tutzing ist für die Schwestern das Tor in die Welt. (Bilder oben)

Mission ist auch helfen: durch Aufbau von Krankenhäusern, Schulen (hier in Afrika). – Immer wieder geraten die Schwestern dabei (wie in Angola) zwischen alle Fronten. (Bilder unten)

schen den Fronten der vielen regionalen Konflikte, vor allem in Afrika und in Südamerika. Denn mit ihrem Missionsauftrag sind sie auf automatisch auf der Seite der Armen, Geknechteten und Ausgebeuteten. Den Mächtigen in diesen Ländern ist dieses Engagement selbstverständlich ein Dorn im Auge. Und schon sind die Schwestern mitten drin in politischen und leider auch militärischen Auseinandersetzungen. In Nordkorea zum Beispiel mussten die Schwestern nach Kriegsende ihren Einsatz mit viereinhalb Jahren Zwangsarbeitslager unter unmenschlichen Bedingungen bezahlen. Da wird leicht nachvollziehbar, dass die Missionarinnen solche Belastungen manchmal nur noch dank ihres Glaubens aushalten können. Bibelworte spenden dann Trost, zum Beispiel eines der Lieblingszitate der Priorin: „Gehe mit der Kraft, die du hast. Ich werde bei dir sein."

Der Orden scheut sich aber auch nicht, klar Stellung zu beziehen. So sieht Schwester Hedwig in der Globalisierung, von der die

Missionarisches Arbeiten braucht die Rückbindung an den Glauben.

Entwicklungsländer am härtesten betroffen werden, einen „großen Mangel an Gerechtigkeit." Globale Gegenbewegungen in Gottes Namen, wie sie etwa von der Tutzinger Kongregation ausgehen, werden mittlerweile selbst von nichtchristlichen Organisationen als unverzichtbar angesehen. Obendrein wird den Schwestern heute abgenommen, dass sie niemanden mehr bekehren oder in eine Glaubensrichtung drängen wollen, für die sich die Menschen nicht frei entscheiden. In einer Schrift der Benediktinerinnen heißt es dazu: „Wir sind davon überzeugt, dass Gott in allen Religionen den Menschen nahe ist und halten den Dialog mit den Weltreligionen für eine wesentliche Aufgabe der Christen." Für solche Sätze hätte es zu Zeiten des Kolonialismus Prügel von den Kirchenoberen gegeben. Heute stehen solche Erkenntnisse sogar in Konzilsdokumenten und päpstlichen Schreiben.

Dafür ist es auch höchste Zeit geworden, denn die Kirche macht sich heute selbst die größten Sorgen, weil ihr die Gläubigen davonlaufen. Deshalb die Erkenntnis der Tutzinger Priorin: „Die Mission beginnt vor der Haustüre." Das Kloster stehe den Menschen rund um den See und bis nach München offen. Es kämen immer wieder Anfragen von offenbar Suchenden, meist im Alter zwischen 25 und 50 Jahren. „Es ist schon spannend zu entdecken, wie die Leute anscheinend Lust bekommen, bei so etwas wie Glaube und Geistlichkeit mal näher hinzugucken." Kein Wunder bei diesem traumhaften Platzerl, das Ergänzung findet durch das frühere Kloster und jetzige Bildungshaus Bernried, auf das Prächtigste direkt am See gelegen und das sogar der DGB schon einmal anmietet. Genannt sei noch das absolute Kleinod im Besitz der Tutzinger Schwestern, das 1252 Jahre alte Kloster Wessobrunn, Entstehungsort des ältesten schriftlich überlieferten Gebetstextes der Christenheit, heute Fortbildungsplatz für Erwachsene, Jugendliche und Familien.

Ein volles Programm also für die Mission daheim und in der Ferne – mit allerdings immer knapper werdender Personaldecke. Schwester Hedwig gibt sich keinen Illusionen hin: „Wir werden sicher kleiner werden. Aber wir tun, was wir können. Die Überlegung aber ist auch: Was sollen wir nicht mehr tun ?" Und dann passieren wieder so Glücksfälle, wie jener mit der promovierten Mathematikerin, die eine aussichtsreiche Uni-Karriere vor sich gehabt hätte. Jetzt ist sie Nonne in Tutzing. Bei dieser Gelegenheit erwähnt die Top-Managerin im Namen Gottes auch noch, Frauen sollten doch in der Kirche mehr wichtige Positionen bekleiden. Ob wohl der Papst mit dem schönen Namen Benedikt auf seine gestandenen Benediktinerinnen hört?

Missionsbenediktinerinnen von Tutzing

Adresse:
Missionsbenediktinerinnenkloster Tutzing, Bahnhofstraße 3, 82327 Tutzing, Tel.: 08158 23 – 470, Email: information@missions-benediktinerinnen.de, Internet: www.missions-benediktinerinnen.de.

Klostergründung:
1904 in Tutzing
Derzeitige Klosterchefin: Schwester Priorin Hedwig Willenbrink

Anfahrt:
per Auto über A 95 München-Garmisch, A 952 Starnberg, B2 Tutzing, per S-Bahn S6 München-Tutzing.

Tätigkeiten in der Mission:
Seelsorge, Gesundheit, Bildung, Landwirtschaft, Friedensarbeit, Engagement für Arme und Ausgegrenzte.

Einrichtungen:
In Tutzing Krankenhaus (Innere, Chirurgie, u.a. Schmerztherapie), Krankenschwesternschule, Realschule

Angebote:
„Kloster auf Zeit" (Info: sr.rachel@gmx.de) und „Missionarin auf Zeit"(1 Jahr Mitarbeit in Klöstern in Afrika, Asien oder Südamerika,
Info: Sr.Elisabeth.Weiner@gmx.de).
Stille Tage für Frauen und Männer, die Stille und Besinnung suchen und zu sich selbst kommen möchten. Sie sind eingeladen, am Chorgebet und der Eucharistie teilzunehmen. Begleitende Gespräche sind auf Wunsch möglich. Ansprechpartnerin: Sr. Ruth Schönenberger, Tel.: 08158 23-501, E-Mail:
information@missions-benediktinerinnen.de
Angebote für Frauen und Familien, Bibel-, Meditations-, TZI-Seminare, Exerzitien, Fastenwochen, meditativer Tanz. Adresse: Bildungshaus St. Martin, Klosterhof 8, 82347 Bernried, Tel.: 08158 255-0, Fax: 08158 255-63, e-Mail: bernried-bildungshaus@gmx.de, Internet: www.bernried-bildungshaus.de.vu (Wegbeschreibung siehe Internet).

Besonderheiten:
Ferienwohnungen im uralten Kloster Wessobrunn bei Weilheim (753 gegründet, gehört zum Kloster Tutzing, berühmt durch das „Wessobrunner Lied", dem ältesten deutschen Sprachdenkmal mit christlichem Inhalt) und im benachbarten Gästehaus „Meierhof", Gästehaus für Schulklassen, Familien, Erwachsenenbildung.
Adresse: Kloster Wessobrunn, Klosterhof 4, 82405 Wessobrunn, Tel.: 08809 9211-0, Fax: 08809 680, e-Mail: kloster-wessobrunn@t-online.de, Internet: www.missionsbenediktinerinnen.de/wessobru.htm (Wegbeschreibung siehe Internet). Großes Bildungshaus im Kloster Bernried in traumhafter Lage am Starnberger See (kann auch gemietet werden).

Gastronomisches und touristisches Angebot:
siehe Internet Starnberger Fünfseenland
www.sta5.de

Die Abtei zum unheiligen Steinbruch

Die Mönche von Münsterschwarzach litten am meisten unter der Klosteraufhebung

Revolution in Bayern? Ja, wo samma denn? Richtig, in Bayern, und da kennt man keine Revolution. Vielleicht einmal ein aussichtsloser Bauernaufstand gegen die kaiserliche Besatzung aus Österreich, 1705, blutig endend mit der Sendlinger Mordweihnacht in München. Oder die einjährige Münchner Räterepublik 1918. Oder ein Revolutiönchen in der Residenzstadt, wie 1844, wegen der Anhebung der Biersteuer um 0,5 Kreuzer. Die einzige richtige Revolution in Bayern, die bis heute noch spürbar ist, kam nicht von unten, sondern von oben. Ein Kurfürst und sein Kanzler schlugen den seit über 1.000 Jahren herrschenden geistlichen Stand samt seiner weltlichen Macht kurz und klein.

Das war 1803 und nannte sich ganz harmlos Säkularisation. Dahinter steckte die Auflösung aller Klöster und Orden, der Griff nach viel Geld und Besitz und die radikale Trennung von Kirche und Staat. 4469 Nonnen und Mönche landeten auf Geheiß des Kurfürsten Max IV. Joseph und sein Kanzlers Freiherr Maximilian Joseph von Montgelas auf der Straße, 159 Klöster wurden aufgelöst. Kein Protest war zu hören. Selbst dann nicht, als der ehrwürdige Freisinger Dom einem Metzger für 500 Gulden zum Abbruch angeboten wurde. Der Dom blieb stehen. Im gerade bayerisch werdenden Franken aber, im unterfränkischen Münsterschwarzach, wurde das riesige Benediktiner-Kloster von München aus offiziell zum Steinbruch erklärt und nach und nach dem Erdboden gleichgemacht.

Nutzen hatte diese fürstliche Revolution sehr wohl: Zwischen Kirche und Staat herrschten ab sofort klare Verhältnisse. Endlich war offiziell Schluss mit dem geistlich-weltlichen Machtfilz, dem gegenseitigen Hineinregieren und auch mit der Kriegstreiberei aus religiösen Gründen. Die Kirche sollte wieder zurückfinden zu ihrem ureigenen Auftrag: sich um den Glauben und um das Seelenheil der Menschen zu kümmern. Zerstörerisch war die Säkularisation (von Lateinisch *saeculum* = Jahrhundert, bezeichnet hier den Übergang von Kirchenbesitz in weltliche Hand)

Die prachtvolle Kirche und Klosteranlage des Balthasar Neumann

allerdings auch. Das kurfürstlich-wittelsbachische Bayern trieb die Zerstörung wie beschrieben auf die Spitze. Nirgendwo sonst im deutschen Reich wurde derart gewütet, das Kloster- und Ordensleben derart radikal ausgelöscht. Die im Jahr 788 gegründete Abtei Münsterschwarzach, an dem Flüsschen

Benediktiner, OSB

OSB = Ordo Sancti Benedicti, Orden des heiligen Benedikt

Missionsbenediktiner, gehören zum Verbund der Kongregation der Missionsbenediktiner von St. Ottilien.
Ordensgründung: 1885 in St. Ottilien/Ammersee.
Gründer: Benediktinerpater Andreas Amrhein.
Ordenstracht (lat. Habitus): schwarze Tunika (in der Antike übliches Untergewand) durch ein Zingulum (lat. Gürtel) in der Hüfte gebunden mit zwei weißen Kragenspitzen, darüber schwarzes Skapulier (= fast bodenlanger Überwurf) mit Kukulle (= Kapuze mit Schulterkragen) und schwarze Flocke (= mantelähnliches Überkleid), Sandalen im Sommer, Schuhwerk im Winter.
Missionsbenediktiner von St. Ottilien insgesamt: Gegenwärtig weltweit 20 Klöster mit insgesamt über 1.100 Mönchen. Tätigkeiten in der Mission: Bildung, Gesundheit, Sozialarbeit, Seelsorge, Landwirtschaft, Friedensarbeit.
Benediktiner insgesamt: Gegenwärtig rund 25.000 Nonnen und 11.000 Mönche weltweit. Tätigkeitsschwerpunkte: Sozial- und Bildungsarbeit, Mission, wissenschaftliche Arbeit (Theologie, Philosophie, Naturwissenschaften, stark im Kontakt mit anderen Religionen)
Meistverbreiteter Orden in Deutschland, vor allem in Bayern mit 14 Männer- und 7 Frauenklöstern bzw. Kommunitäten (= kleine Gemeinschaften)

Schwarzach im heutigen Landkreis Kitzingen gelegen, ist dafür das traurigste Beispiel.

Niemand geringerer als das karolingische Herrscherhaus, aus dem Karl der Große stammte, hatte Münsterschwarzach als sogenanntes Eigenkloster gegründet. Töchter aus der kaiserlichen Familie stellten die Äbtissinnen des Klosters, das von Anfang an zum Orden der Benediktiner zählte. Mit dem Tod der letzten „Kaiser-Äbtissin" gaben die Nonnen das Kloster auf. Später zogen Benediktiner-Mönche ein. Der Nachweis fehlt noch, dass die Ordensleute statt wie üblich Bier zu brauen hier im milden Maintal als erste Wein angebaut haben. Heute jedenfalls gilt die Gegend als die Schatzkammer des Frankenweins.

Bald wurde das Kloster in der Mainebene zu einem geistlichen, geistigen und wirtschaftlichen Zentrum im Unterfränkischen. Schon schauten die Würzburger Fürstbischöfe neidisch auf die Benediktiner, die da streng nach dem Ordensprinzip „ora et labora" beteten und vor allem arbeiteten, besonders geistig: Eine Lateinschule war entstanden, wie überall natürlich mit dem Hintersinn, Personal fürs Kloster zu gewinnen. Die wissbegierigen Mönche gründeten, was wirklich ungewöhnlich war, sogar eine später hochangesehene philosophisch-theologische Hochschule. Die unterfränkischen Benediktiner hatten über die Zeit gut gewirtschaftet, den Dreißigjährigen Krieg glimpflich überstanden, so dass sie finanziell gerüstet waren für den Barock, der nicht nur Altbayern, sondern auch Unterfranken ohne Gegenwehr erobern konnte. Was die Asam-Brüder für den südbayerischen Raum waren, das bedeutete insbesondere für die Franken der geniale Balthasar Neumann, ein Baumeister von europäischem Rang, zu D-Mark-Zeiten auf dem Fünfzig-Mark-Schein zu bewundern. Dieser Neumann stellte den Benediktinern in Münsterschwarzach einen Kirchen- und Klosterbau von fast schon vatikanischen Ausmaßen und von größter barocker Schönheit

Pater Anastasius vor einer Luftaufnahme der Klosteranlage

hin. Die Kuppel der Klosterkirche hatte eine Höhe von 52 Metern. Ein gewaltiges Bauwerk, das aus der Mainebene herausgeragt haben muss wie der Eiffelturm aus Paris. Die Klosteranlage streckte sich über Quadratkilometer hin. 1743 zogen die Benediktiner ins prächtige Eigenheim, 60 Jahre später war alles kaputt. Die Säkularisation. Der Wittelsbachische Kommissär aus der fernen kurfürstlichen Residenzstadt München verkündet knapp: „Münsterschwarzach ist aufzulösen." Das hieß auf neudeutsch: Plattmachen. Was aber noch viel schlimmer war: Das Kloster als Zentrum der Bildung und Kultur gab's nicht mehr für die Menschen, egal, ob sie einen Glauben hatten oder nicht.

Dass die Mönche von Münsterschwarzach den alles vernichtenden Sensenhieb des pfälzisch-wittelsbachischen Kurfürsten bis heute nicht verwunden haben, ist im aktuellen Klosterführer nachspürbar: „Ein Jahrtausend benediktinischen Gotteslobes fand infolge des aufgeklärt-materialistischen Zeitgeistes ein jähes Ende." Das klingt immer noch arg verbittert nach jetzt gut 200 Jahren. Sehr tiefe Wunden müssen damals geschlagen worden sein, die noch nicht geschlossen sind. Aus den Zeiten des damaligen Kloster- und Kirchensturms ist dieser Satz überliefert: „Sie haben den Pfaffen nichts übrig gelassen als die Augen zum Weinen." Großes Mitleid mit den Ordensleuten haben damals im Kurfürstentum Bayern wohl die wenigsten gehabt. Die landläufige Meinung war: „Wer über Jahrhunderte selbst zu den Mächtigen des Landes gezählt und viel Besitztum angehäuft hat, der soll jetzt ruhig erfahren, wie die Unteren, die Hungerleider fast ein Jahrtausend lang leben mussten." Obwohl

Der markante Eingang zur Klosterkirche, rechts ein Benedikt-Relief.

Kirchen- und Ordensobere nicht müde werden, das Gegenteil zu beweisen, halten sich bis heute hartnäckig die Gerüchte, Kirche und Klöster seien immer noch reich, weil sie damals heimlich ihre Schätze auf die Seite gebracht hätten.

Fest steht, dass kein anderes Kloster in Bayern derart unter der kurfürstlichen Verfügung leiden musste wie Münsterschwarzach. Den Mönchen war nach 1803 nichts mehr geblieben bis auf ihre Kutten. Und die Menschen in der Region bis Würzburg hatten schlagartig viele Arbeitsplätze, eine weithin gerühmte Lateinschule, eine bedeutende Hochschule, eine große Bibliothek sowie Seelsorge und Beratung in allen Lebenslagen verloren. Die Leistungen der Benediktiner in Natur- und Geisteswissenschaften – begraben unter Schutt und Asche, weil Kirche und Klosteranlage auch noch Plünderungen und den Naturgewalten preisgegeben waren. Blitzschlag und Brand zerstörte vor allem die großartige Klosterkirche vollends, die Reste wurden als Steinbruch genutzt. Über 100 Jahre war das kulturelle und geistliche Leben in der Region am Boden. Das Schicksal des Klosters rührte die Franken schon deshalb besonders an, weil der Befehl zur Zerschlagung von den ungeliebten Wittelsbachern aus der noch unsympathischeren Residenzstadt München im „fernen Kontinent" Altbayern kam. Genau von dort aus wurde aber dann 1913 die unerwartete Wiedergeburt aus Schutt und Asche eingeleitet. Am Ammersee, in dem kleinen Weiler St. Ottilien hatte ein Schweizer Benediktiner-Pater mit dem Segen der inzwischen geläuterten Wittelsbacher ein Kloster gegründet. Es war ausschließlich für die damals so genannte Heiden-Mission in den afrikanischen Kolonien des Deutschen Reiches bestimmt. Die Mönche suchten auch in Franken nach einem Stützpunkt für ihr Missionswerk und kauften die jämmerlichen Überreste von Münsterschwarzach und den landwirtschaftlichen Grund zurück.

Von da an ging's nur noch bergauf. Der 1. Weltkrieg, die Nazi-Zeit, der 2. Weltkrieg und danach die große Krise des Glaubens bis heute, all das konnte die „Missionsbenediktiner", wie sie sich nennen, von ihrem Weg nicht abbringen. Der Weg hieß: Draußen in der Welt, in Ost- und Südafrika, in Korea, auf den Philippinen, und in der fränkischen

Heimat von Gott berichten, in seinem Sinn leben und für andere dabei Vorbild sein. Nicht mehr, aber auch nicht weniger. Anderen den Glauben aufzuzwingen, diese dunkle Zeit sehen Missionsbenediktiner weit hinter sich liegen.

Münsterschwarzach, eine Wortkombination aus Münster, vom Lateinischen *Monasterium* = Kloster, und Schwarzach, dem Main-Zufluss, also Kloster an der Schwarzach, hat es weit gebracht. Sogar zu einer eigenen Postleitzahl: „97359". Den Wunsch der Post, auch noch ein Kloster-Postamt zu führen, lehnten die Benediktiner ab. Sie haben genug zu tun. Von den insgesamt 170 Mönchen sind im Schnitt 60 regelmäßig auf fernen Kontinenten, die anderen unterrichten im 900 Schüler zählenden Gymnasium oder sie arbeiten in den vielen Klosterbetrieben. Druckerei, Verlag, Buchhandlung, Bäckerei, Metzgerei, Kfz-Werkstatt und Goldschmiede bieten zudem insgesamt 280 Arbeits- und 25 Ausbildungsplätze für die Menschen in der Region. Über die Jahre ist auf dem riesigen Klosterareal eine kleine Stadt der Mönche entstanden. Dabei hängen die unterfränkischen Benediktiner nicht an Äußerlichkeiten, wie sie in ihrem Klosterführer versichern. Das Wesentliche sei immer unsichtbar. Das muss wohl der Wittelsbacher Kurfürst seinerzeit beim Klösterplattmachen völlig übersehen haben.

Münsterschwarzach hat eine eigene Postleitzahl und ein eigenes Ortsschild.

Wo Priesterseelen runderneuert werden

Die Benediktiner von Münsterschwarzach und ihre Wegweisungen für die Kirche

In der unterfränkischen Provinz gibt es eine Bocksbeutelstraße. Zwischen dem nahen Main und den letzten Hügeln des Steigerwaldes bei Kitzingen schlängelt sich dieser Touristenzubringer durch verträumte Fachwerkdörfer vorbei an den besten Lagen im bayerischen Weinland. Schön ist es da und friedlich. Selbst ohne die Wirkung der wunderbaren, feinen Rebensäfte der Gegend kehrt schnell Frieden im Besucher ein. Gleichzeitig steigt das Gefühl auf, dass die große, weite Welt mit aller Hektik und Schnelllebigkeit Lichtjahre hinter einem liegt. Doch dann erreicht die gemütliche Bocksbeutelstraße einen eigenartigen Ort, dessen Wahrzeichen seit vielen Kilometern längst ins Blickfeld gerückt sind. Zwei wuchtige Türme stehen da mitten in der weinseligen Mainebene und signalisieren auf eindrucksvolle Weise: Hier endet die unterfränkische Provinz und eine andere Welt beginnt. Das Kloster Münsterschwarzach mit eigenem

Startrampe für den Dienst im Namen des Herrn: Missionsbenediktiner aus Unterfranken sind weltweit im Einsatz.

Ortsschild, eigener Feuerwehr, eigener Energieversorgung und eigenen Menschen.

Hier ist nichts klein. Die Beschaulichkeit manch anderer Klöster, wie man sie oft winzig, versteckt und romantisch in Eichenhainen oder an Flussbiegungen liegen sieht, die findet sich in Münsterschwarzach nicht leicht. Schnell wird klar, dass diese Stadt der Mönche sowohl Hauptquartier als auch Startrampe für den Dienst im Namen des Herrn fast rund um den Globus ist. Es herrscht ein Kommen und Gehen unter den 170 Missionsbenediktinern, die in Münsterschwarzach mönchischen Ausgangspunkt haben, den man die „Stabilitas", die Ortsbeständigkeit, die Verankerung nennt. Das soll für die Mönche auch die geistliche Heimat sein, die nötigenfalls auch schützend ist. Aus der unterfränkischen Provinz führt sie ihr Weg nach Afrika, nach Asien, an Orte, die dem weltlichen Fernreisenden fremd sind. Hätte er diese Orte vor seinem Hotelzimmer oder vor seinem Liegestuhl, würde er wahrscheinlich seinen Reiseveranstalter vor den Kadi zerren wegen der Unzumutbarkeit des Anblicks menschlichen Elends. Ist ja auch schon des öfteren passiert. An solche Orte gehen also die Benediktiner aus Unterfranken und nehmen die Arbeit auf gegen großes Elend, gegen Krankheiten, gegen Bildungsnot und auch gegen Unterdrückung, wenn es sein muss. Mission heute funktioniert nach dem Wortsinn, den das Lateinische *mittere* = schicken hergibt. Von Gott geschickt werden zu den Menschen, die Gottes Wort und die tatkräftige Unterstützung durch einen Gottesmann brauchen, das ist es. Seelen sammeln oder schlimmstenfalls fangen, wie zu Zeiten des unseligen Kolonialismus, darum geht es schon lange nicht mehr. Das sagt einem der Pater Anastasius Reiser und fügt hinzu, dass Mission überall sei. „Auch direkt vor den Toren von Münsterschwarzach."

Aber jetzt geht es zuerst hinaus in die weite Welt der Münsterschwarzacher Benediktiner. Zu diesem Zweck kann Pater Anastasius eine lange Liste aufmachen. Die steht im Internet-Auftritt des Klosters, dessen Webmaster er in diesem Moment noch ist. In Tansania und anderen afrikanischen Staaten unterstützen die Missionsbenediktiner AIDS-Projekte, die vor allem junge Menschen vor der Krankheit bewahren sollen. Dann sind sie unterwegs, um medizinische Geräte und Medikamente für Hilfsbedürftige auch auf dem schwarzen Kontinent bereitzuhalten. Und es sind für einen Mitteleuropäer geradezu lächerlich geringe Dinge wie Moskitonetze für noch lächerlichere zwei Euro das Stück, mit denen sie die Malariainfektionsrate in den Dörfern halbiert haben. Im Andenhochland Perus reduzieren sie die Kindersterblichkeit mit einer täglichen warmen Mahlzeit. In Afrika, Lateinamerika und Asien betreiben sie Handwerkerschulen für junge Menschen, damit jene ihre Zukunft in eigene Hände nehmen können. Bruder Otmar zum Beispiel hat in der tansanischen Stadt Mbinga eine funktionierende Wasserversorgung aufgebaut und damit die gesunde Lebensgrundlage für Jung und Alt geschaffen. In Bausätzen werden in Münsterschwarzach Transportwagen vorgefertigt, die später ebenfalls in Tansania von Eseln gezogen werden und Frauen dann das Los der Lastesel ersparen. Noch ein Beispiel gefällig? Fischernetze: Die Benediktiner haben herausgefunden, dass intakte Netze ganze Familien langfristig vor dem Hungertod bewahren. Man muss sie ihnen nur zur Verfügung stellen. Die Liste der Beispiele könnte den Umfang dieses Buches locker sprengen.

So also sieht Mission in Gottes Namen heute aus. Bekehren müssen die fränkischen Benediktiner auf fernen Kontinenten nicht mehr. Die Europäer, so berichten sie, könnten sich ein Beispiel an der Gläubigkeit von Afrikanern, Südamerikanern oder Asiaten nehmen. Eher hätten die Industrienationen eine Mission nötig, weil sie statt an Gott, den Mitmenschen und seine Würde zu glauben jetzt der Egomanie und der Automatik der Gewinnmaximierung verfallen seien. Und die Mission daheim in Unterfranken? Wie gesagt, für die Benediktiner beginnt sie vor der Haustüre. Dafür gibt es zum Beispiel das weithin gerühmte Egbert-Gymnasium, natürlich mit einem humanistischen Zweig. Die bildungsbeflissenen Benediktiner sind da traditionell in der Pflicht. Zulauf haben die Münsterschwarzacher reichlich und entsprechen damit dem allgemeinen Trend der bayerischen Bildungsstätten in klösterlicher Obhut. Und dann ist die Abtei auch noch überregionales Jugendzentrum, wie die Anmeldungen der vielen Jugendgruppen auch von weither zeigen. Pater Anastasius hat sichtlich Freude, von den Reaktionen der Kinder und Jugendlichen zu berichten, die hierher in die unterfränkische Provinz kommen: „Mit den Mönchen kann man ja reden, die sind anfassbar," zitiert der Pater Kommentare der Kids. So sei es ihm vor Jahren selbst ergangen, als er, zuhause in Karlsruhe, auf Exerzitien nach Münsterschwarzach gekommen war. Dabei sei er für das Leben in Gottesnähe begeistert worden. Wie alle anderen prüfte er sich, ob das tatsächlich etwas für ihn wäre, bis zum Tod im Kloster leben und das in Armut, Gehorsam und Ehelosig-

Das Kloster kann man durchaus als Konzern bezeichnen: Münsterschwarzach ist mit dem Vier-Türme-Verlag, einer Druckerei und einer Buchhandlung im Printbereich engagiert und mit dem renommierten Egbert-Gymnasium im Bildungswesen. Im „Fair-Handel"-Laden gibt es auch Exotisches zu kaufen. Und alles ist getragen von der Grundeinstellung: „Mönch sein – Lust am Leben!"

keit. Danach sei für ihn klar gewesen: „Hier kann ich offen mein Leben leben." Bald wird er das Leben eines Abtes in Afrika leben. Die Mönche des tansanischen Klosters Peramiho haben den Badenser im August 2006 zu ihrem Abt gewählt.

Diese kleine Stadt der Mönche mit der lange Zeit eigenen Postleitzahl, dieses Münsterschwarzach an der Bocksbeutelstraße, entspricht ganz und gar dem benediktinischen Prinzip des unabhängigen Seins, der weitgehenden Selbstversorgung. Es gibt die klostereigene Goldschmiede, die Kfz-Werkstätte, die Druckerei, die Metzgerei, die großartig konzipierte Energieversorgung aus eigenen, umweltgerechten, die Schöpfung bewahrenden Quellen. Auch die geistige Selbstversorgung ist allein schon durch eine Vielzahl von Bildungsangeboten oder durch die Bibliothek oder das hervorragend inszenierte Missionsmuseum gesichert. Benediktiner sind Benediktiner, gleiche unter gleichen. Und deshalb gibt es in Münsterschwarzach neben dem kürzlich gewählten Abt Michael Reepen noch eine ganze Reihe von Herausragenden, wie zum Beispiel den Cellerar von Münsterschwarzach, den klösterlichen Wirtschaftsminister namens Pater Anselm Grün, den die Außenwelt als Buchautor – über 200 Bücher – und als TV-Gesprächsrundenmitglied gut kennt. Nach seinem Merksatz: „Menschen führen, heißt Leben wecken", berät er obendrein Wirtschaftsführer des Landes. Ob das leitende Personal danach die von Anselm gestellten Hausaufgaben macht, muss zunächst bezweifelt werden. Jedenfalls hat der Pater Cellerar (Lateinisch *cellararius* = Kellermeister, hier: Finanz- und Wirtschaftschef eines Klosters) die Gabe, die Mottenkiste des Christentums sprachlich zu entstauben. Heraus kommen dabei Texte mit Inhalten, die jeden betreffen, die jeder versteht und die jeder für sich verwenden kann. Das erklärt den sagenhaften Erfolg des Mönchs, der Kirchen wie Kongresshallen zum Bersten füllt. Die heutige Amtskirche kann da nicht mehr mithalten, wenn Kardinal oder einfacher Gemeindepfarrer mit lebensfernen Textbaustein-Predigten antreten. Beim Kirchenvolk gehen dann halt Ohren und Augen zu. Daher gibt es nicht wenige Würdenträger, die sich über den erfolgreichen Popstar der Verkündigung hinter vorgehaltener Hand furchtbar aufregen können.

Eine weitere Münsterschwarzacher Berühmtheit hatte die Kirchenorganisation zwar in Harnisch gebracht, aber jetzt ist Friede im Kirchenland: Pater Willigis Jäger ist Theolo-

Der Cellerar Anselm Grün (links) ist zugleich ein viel gelesener Bestsellerautor, Pater Edmar dürfte mit seinen 70 Jahren der älteste aktive Sportlehrer sein und Pater Jonathan ist eigentlich Schulseelsorger, aber als Aikido-Kämpfer bei den Schülern ein Star.

ge, Priester, Philosoph und betrachtet auch die buddhistische Gottsuche als einen gangbaren Weg – das wollte die Kirchenleitung anfangs gar nicht einsehen. Mit Erlaubnis seines Abtes war der nun über 80-jährige sechs Jahre lang in Japan bei Mönchen in die Lehre gegangen und zwar bei denen, die den im Buddhismus wurzelnden „Zen" vertreten. Der unterfränkische Benediktiner erreichte den seltenen Grad eines Zen-Meisters und durfte sich danach Kyo-un Roshi (japanisch für „Leere Wolke") nennen. In der buddhistischen Welt wird der Benediktiner mittlerweile als 86. Wiedergeburt des Religionsgründers Buddha verehrt. Der weise Pater sagte Sätze wie: „Alle Religionen sind Wege zur Erfahrung des Göttlichen, aber keine von ihnen kann behaupten, den einzigen Zugang zu ihm zu besitzen". Das hörten halt die leitenden Kirchenherren damals nicht so gern.

Das Innere der Klosterkirche ist von eindrucksvoller Schlichtheit geprägt.

Im Dezember 2001 bekam Willigis Jäger Post aus Rom: Er dürfe nicht mehr öffentlich auftreten und nichts mehr veröffentlichen. Der Pater, der auf eine große Anhängerschar weltweit blicken kann, fügte sich nur kurz. 2002 verließ er – bis zum heutigen Tag – das Kloster, um seine Mitbrüder aus der Schusslinie zu bringen. Kurz darauf war Willigis Jäger wieder öffentlich zu hören und zu lesen. Im 60 Kilometer vom Kloster entfernten „Benediktushof" lehrt er nun den katholisch-zenbuddhistischen Weg zur Gotteserfahrung. Die Resonanz ist groß. Er sei zur Anlaufstelle für all jene geworden, die Christen bleiben wollen, aber in der Kirche keine Antwort mehr auf ihre wirklichen Lebensfragen finden, sagt er. Dem Papst wünscht der Pater, dass „aus dem Kardinal Joseph ein Benedikt von Nursia wird, dessen Namen er gewählt hat. Und dass ihm dessen Weite und Menschenfreundlichkeit zuwächst." Der Wunsch geht, so wie es aussieht, in Erfüllung: Eines der ersten größeren Vorhaben des Papstes scheint zu sein, Frieden und benediktinische Freundlichkeit auch mit denen zu pflegen, mit denen die Kirchenleitung nicht immer einer Meinung ist. Einen Anfang hat der bayerische Benedikt gemacht. Zur Überraschung selbst der Insider empfing der Papst im September 2005 den Kirchenkritiker Hans Küng, mit dem ihn eigentlich eine Freundschaft verbindet. Wohl geht es dem bayerischen Kirchenoberhaupt tatsächlich um Wegweisungen heraus aus mancher Einbahnstraße, in der der offiziell verordnete katholische Glaube steckt.

Eine Benediktinergemeinschaft ist eine Gemeinschaft von Gleichen, aus der außer der gewählten Führung keiner herausragt, auch Pater Anselm und Pater Willigis nicht. Von solchen Verhältnissen können viele Weltpriester, wie Pfarrer aus Sicht der Mönche bezeichnet werden, nur mehr träumen. Sie sind körperlich und seelisch einfach fertig. Wegen des Priestermangels in der katholischen Kirche stehen sie in ihren Pfarreien allein auf weiter Flur, sind völlig überlastet, und das hat schlimme Folgen für das Gemeindeleben. Es gibt Pfarreien, die sind schon auseinandergebrochen oder liegen im Sterben oder es gibt sie schon gar nicht mehr. Daran können Seelsorger zerbrechen. Letzte Rettung ist dann das Kloster Münsterschwarzach. An Leib und Seele kranke Priester und Mönche aus dem gesamten deutschsprachigen Raum erhalten im klostereigenen „Recollectio-Haus" (von lateinisch *recolligere* – sich wieder sammeln) drei Monate lang „Seelsorge für Seelsorger", eine Mischung aus Psychotherapie und geistlicher Begleitung. Gegenüber, auf dem Schwanberg bei Kitzingen, machen die Ordensfrauen vom evangelischen Kloster „Communität Casteller Ring" in ihrem Haus „Respiratio" (lateinisch für „Das Aufatmen") genau dasselbe, nur für Pfarrerinnen und Pfarrer sowie kirchliche Mitarbeiter aus halb Lutherisch-Deutschland. Bedenklich ist: Beide Häuser sind immer ausgebucht.

Erfreulich ist, dass beide Klöster zusammenarbeiten, dass evangelische Nonnen und katholische Mönche einander helfen, dass sie ihr Wissen und ihre Erfahrung austauschen. Und miteinander feiern. So kommen auch auf diesem immer noch gefährlichen Feld der Annäherung zwischen beiden Kirchen Wegweisungen aus Münsterschwarzach. Die Unterfranken sind, wie schon erwähnt, Missionsbenediktiner. Sie sind also geschickt. Daher ist Pannenhilfe aus Klöstern und von Mönchen und Nonnen für die Ecclesia Triumphans weiß Gott nicht zu verachten.

Benediktinerabtei Münsterschwarzach

Adresse:
Schweinfurter Straße 40, 97359 Münsterschwarzach-Abtei (Landkreis Kitzingen / Unterfranken).
Tel.: 09324 / 20-0, Fax: 09324 / 20-211,
Email: gh@abtei-muensterschwarzach.de, Internet: www.abtei-muensterschwarzach.de

Anfahrt:
Über A 3 Nürnberg Frankfurt, Ausfahrt Kitzingen/ Schwarzach in Richtung Volkach, B 22.
Bahn: Bahnhof in Kitzingen, von dort Bahnbus Richtung Volkach.

Klostergründung:
788 n. Chr.
Derzeitiger Klosterchef: Abt Michael Reepen OSB.
172 Mönche, davon z. Zt. 46 in Missionsgebieten, Schwerpunkt Afrika.

Tätigkeiten:
Pfarrer, Lehrer (klostereigenes „Egbert-Gymnasium"-humanistisch, neusprachlich), Philosoph, Theologe, Seelsorger, Psychotherapeut, Goldschmied, Kfz-Mechaniker, Verleger, Gärtner, Schneider u. a.

Angebot:
Kloster auf Zeit, Mitleben im Kloster (Kontakt Gästehaus, Email: gh@abtei-muensterschwarzach.de, Betreuung von Seelsorgern (Kontakt Recollectio-Haus, Email: recollectio@abtei-muensterschwarzach.de, umfangreiche Jugendarbeit (Kontakt: p.jonathan@abtei-muensterschwarzach.de)

Besonderheiten:
Bedeutendes Missionsmuseum großes Angebot an fair gehandelten Waren, gut sortierter Klosterladen (u. a. eigene Wurst, eigenes Brot), große Palette an regenerativen Energien, Buchhandlung, Goldschmiede.

I·N·R·I

Der Bayernkönig und seine Benediktiner

Ordensretter Ludwig I. stiftete St. Bonifaz hinterm Stachus

Die Affäre mit der Gräfin von Landsfeld, alias Marie Dolores Eliza Rosanna Gilbert, alias Lola Montez wollen wir jetzt einmal beiseite lassen. Denn ohne diese unselige Geschichte erscheint der Bayern-König Ludwig I. in einem milderen Licht. Da zeigt sich der Förderer von Wissenschaft und Künsten, der Fan der altgriechischen Kultur, der seine Residenzstadt München gleich stadtviertelweise altgriechisch, römisch oder italienisch gemacht hatte. Es wird auch ein recht gottgläubiger, frommer Mann sichtbar. Wenn Ludwig nicht gewesen wäre, gäbe es heute in Bayern vermutlich kein einziges, lebendiges Kloster mehr. Sein Vater, König Max I. Joseph und dessen rechte Hand, der Graf Maximilian von Montgelas, hatten nämlich 1803 alle Klöster aufgehoben, Nonnen und Mönche davongejagt und deren Besitz eingezogen. Den ihm verhassten Montgelas schickte Kronprinz Ludwig noch zu Lebzeiten des Vaters in die Wüste. Ab 1830 begann er dann als König, Bayern wieder zu einem Klosterland zu machen – zuvorderst mit „seinen" Benediktinern, wie er stets hervorgehoben hatte. Ludwig teilte mit dem Orden nämlich die Begeisterung für Kultur und Wissenschaft der alten Griechen. Als erste durften die Benediktiner von Metten wieder in ihr Kloster an der niederbayerischen Donau einziehen. Die Mettener gründeten anschließend auf Geheiß des Königs das Benediktinerkloster Sankt Bonifaz. Und zwar mitten in der Münchner Stadt.

Nicht einmal das verführerische Luxusweib Lola Montez, in den Augen der meisten Untertanen die Mensch gewordene Todsünde, konnte den Wittelsbacher davon abbringen, die Ordensleute mit Wohltaten zu überschütten. Nicht weit weg vom fast königlich ausgestatteten Palais der Mätresse, das der neunfache Familienvater Ludwig ihr an der heutigen Balanstraße eingerichtet hatte, baute der König seinen Benediktinern ein Kloster, aber nicht irgendeines: An der Karlsstraße hinterm Stachus ließ er von dem jungen Architekten Georg Friedrich Ziebland eine riesige fünfschiffige Basilika in romanischem Stil und mit unglaublich prunkvoller Ausstattung samt den dazugehörigen Klostergebäuden hinzaubern. Einen Haken hatte der Standort,

Der Innenraum der ehemaligen Basilika St. Bonifaz

der dem heiligen Bonifaz geweiht wurde, für die Benediktiner allerdings schon. Sie waren es über die Jahrhunderte hinweg gewohnt, sich aus umfangreicher Land- und Forstwirtschaft selbst zu versorgen und zu finanzieren, der Unabhängigkeit von Kirche und

Benediktiner, OSB

OSB = Ordo Sancti Benedicti, Orden des heiligen Benedikt

Ordensgründer: Benedikt von Nursia (seit 1964 Patron Europas).
Ordensgründung: 529 n. Chr im Kloster Monte Cassino.
Ordensregel „ora et labora" (bete und arbeite), bestimmend für viele abendländische Orden.
Ordenstracht (lat. Habitus): mit einem Zingulum (lat. Gürtel) in der Hüfte gebundene, schwarze Tunika (in der Antike übliches Untergewand) mit zwei weißen Kragenspitzen, darüber schwarzes Skapulier (= fast bodenlanger Überwurf) mit Kukulle (= Kapuze mit Schulterkragen) und schwarze Flocke (= mantelähnliches Überkleid, Sandalen im Sommer, Schuhwerk im Winter.
In Bayern derzeit 14 Männer- und 7 Frauenklöster.

Staat wegen. Jetzt, mitten in der Stadt, fehlte bis auf ein Gemüse- und Kräutergärtlein dazu jedoch die nötige Fläche. Wieder trat der König als Wohltäter in Aktion. Er kaufte das 1803 aufgelöste Kloster Andechs samt Kirche und Ökonomie und schenkte den ansehnlichen Besitz den städtischen Mönchen. Damit hatten die Benediktiner von der Karlsstraße eine ideale wirtschaftliche Basis, wie sich später zeigen sollte.

Das Geschenk des Königs bedeutete aber weitaus mehr als nur eine Existenzgrundlage. Andechs hatte bereits Klosterzeiten erlebt: 1391 zogen Benediktiner ins Gemäuer der Burg von Andechs ein, bis sie 1416 vom Priesterorden der Augustiner Chorherren vom nahen Ammersee abgelöst wurden. Sie alle schätzten die Traumlage auf einer Eiszeit-Endmoräne, aus der später der „Heilige Berg" wurde. Außerdem war dieser besondere Ort seit alters her Ziel von Wallfahrten, weil die gläubigen und neugierigen Oberbayern unbedingt den Reliquienschatz aus dem Heiligen Land sehen wollten. Im 10. Jahrhundert hatte der später heiliggesprochene Rasso, Ahnherr des Andechser Grafengeschlechts, die Kostbarkeiten zusammengetragen, darunter kleine Stücke aus der Dornenkrone Christi, Kreuzreliquien sowie das Siegeskreuz Karls des Großen. Ende des 12. Jahrhunderts kamen dann noch die berühmten „Heiligen Drei Hostien" dazu, gesegnet von den Päpsten Gregor dem Großen und Leo IX. Später wurden gar das Brautkleid der hl. Elisabeth, eine Knochenreliquie

Im Obergeschoß der Andechser Kirche wird in der Heiligen Kapelle der sogenannte „Heilthumsschatz" aufbewahrt.

des hl. Nikolaus und ein Teil des Schädels der hl. Hedwig für den Schatz gespendet. Im Jahr 1248, als mit Otto II. der letzte Graf von Andechs und Herzog von Meran gestorben und mit ihm das alte Andechser Geschlecht erloschen war, verschwanden die in der Kapelle der einstigen Burg verwahrte Kostbarkeiten eines Tages spurlos. Groß war das Entsetzen. Gleichermaßen dann die helle Freude, als am 26. Mai 1388 der Reliquienschatz wiedergefunden wurde. Er war von Unbekannten unter dem Kapellenaltar eingemauert worden. Eine Maus hatte den Weg zum Schatz gewiesen, so zumindest die Legende.

Von da an war der Heilige Berg ein absolutes „Muss" für jeden katholischen Christenmenschen. Ja, der Ort wurde zu einer Art Mekka im Oberbayerischen. Recht merkwürdig ging's zuweilen droben auf dem Berg zu, weil sich nämlich eine eigenartige Zeremonie entwickelt hatte. Wegen der Enge in der Heiligen Kapelle konnte kein Pilger die wundersamen Reliquien und Heiligtümer in

Der Maus, die der Legende nach zur Wiederauffindung des Schatzes beitrug, wurde in der Altarstufe der Klosterkirche ein kleines Denkmal gesetzt.

Seit Jahrhunderten gepflegte benediktinische Gastfreundschaft im Andechser Bräustüberl

Ruhe betrachten und verehren. Daher wurde das „Vorzeigen der Reliquiare und Heilthümer" auf der Südseite der Wallfahrtskirche eingeführt. Jeder konnte dabei den gesamten Schatz sehen und dann den jeweiligen Heiligen um Fürbitte anrufen. Modernen Pilger bleiben heute die damals recht zeitraubenden „Weisungen" erspart. Sie werden jetzt mit Weihwasser empfangen. Bis heute ist Andechs einer der bedeutendsten Wallfahrtsorte in Bayern geblieben. Und wie es eben so ist in Altbayern, haben die Mönche an einem solchen Ort neben dem Beten und Arbeiten nicht auf die Herrlichkeiten aus Küche und Keller vergessen, die bekanntlich Leib und Seele in diesen wunderbaren Zustand der Innigkeit versetzen, der anderswo auf der Welt schwerlich herzustellen ist. Der Schweinsbraten aus der Klosterwirtschaft in wonniglicher Genusseinheit mit dem einzigartigen Gerstensaft aus der mönchischen Brauerei, solches kann nur im Himmel über Andechs erschaffen worden sein. Nicht zu vergessen ein weiterer Augenschmaus, nämlich die Wallfahrtskirche im Rokoko-Stil, ein Schatzkästlein der Kirchenbaukunst, wo selbst der Gottloseste die Waffen streckt und stöhnt: „Das ist zum Niederknien." Die Mönche in München waren also dank des spendablen Königs schlagartig in den Besitz eines weltlichen wie geistlichen Kleinods gekommen.

Die Kirchenleitung im fernen Rom dankte es dem Wittelsbacher Wohltäter nicht. Sie ließ es zu, dass die Klosterkirche von St. Bonifaz zum Schauplatz einer makabren und unwürdigen Bestattung eines Königspaares wurde. Königin Therese von Bayern, Gattin von Ludwig I., geborene Prinzessin Therese Charlotte

Luise von Sachsen-Hildburghausen, war bis zu ihrem Tod am 26. Oktober 1854 evangelisch geblieben. Übrigens: Das heutige Oktoberfest ist ein Nebenprodukt der damaligen Hochzeitsfeierlichkeiten. Die Festwiese trägt ganz offiziell den Namen der Sachsenprinzessin. Nun hatte König Ludwig die Klosterkirche schon bei der Grundsteinlegung zur Grabstätte des Königspaares bestimmt. Nach Thereses Tod untersagte der Vatikan aber die Bestattung der lutherischen Königin in der katholischen Klosterkirche. Schlimmer noch: Rom verbot es dem König, den Sarg mit der Leiche seiner Frau überhaupt durch den Kirchenraum tragen zu lassen. Und das Allerschlimmste für Ludwig, der trotz seiner Lola-Montez-Affäre seine Therese nie vergessen hatte: Der damalige Papst Pius IX. ließ es nicht zu, dass die Königin ihre letzte Ruhe neben ihm finden durfte. Der König, der wegen der Montez-Affäre und Unruhen in der bayerischen Bürgerschaft 1848 abdanken musste, war zu sehr gläubiger Katholik, als dass er sich gegen die päpstliche Verfügung stellen wollte. Andererseits hätte er es nie zugelassen, dass seine Gemahlin irgendwo anders begraben worden wäre. So kam es zu folgender makabren und unwürdigen Bestattung: Zunächst wurde unter dem Boden der Klosterkirche von St. Bonifaz eine Gruft gegraben, Königin Therese durfte ja nicht in einer katholischen Kirche bestattet werden. Danach baute man die Außentreppe zur Kirche ab und schlug von der Straße her ein Loch in das Fundament. Auf diesem Weg wurde der Sarg der Königin unter die Kirche in die Gruft gebracht, da für die tote evangelische Monarchin der Weg durch die Kirche ebenfalls tabu war. Ein Stockwerk über Therese wurde dann König Ludwig I. nach seinem Tod im Exil in Nizza 1868 in der Klosterkirche zur letzten Ruhe gebettet, streng nach der römischen Anweisung: auf keinen Fall neben einer Evangelischen. Erst sehr viel später ließ es die Kirche zu, dass das Königspaar im rückwärtigen Teil der Basilika würdevoll nebeneinander seine letzte Ruhe fand.

Als eine Art stummer Protest gegen das gnadenlose Rom von damals hängen heute nicht nur in St. Bonifaz, sondern auch in anderen benediktinischen Klöstern in Bayern Portraits des Königs, da und dort sogar zusammen mit seiner evangelischen Königin. Bleibt noch festzuhalten, dass Ludwig I. es geschafft hatte, die Benediktiner in einer Stadt anzusiedeln. Eher fernab der Zentren, oft in entlegenen Winkeln eines Landes, da war der älteste europäische Orden zuhause. Die Städte waren normalerweise das Revier der Jesuiten oder der Bettelorden, nämlich der Franziskaner, der Kapuziner oder Dominikaner. Jedenfalls richteten sich die Großstadt-Benediktiner in München ein, so gut sie konnten. Der König wollte die Mönche in Bildung und Wissenschaft genauso tätig sehen wie in der Seelsorge in der umliegenden Altstadt. Der Wunsch des Monarchen ging in Erfüllung und überdauerte die Zeit, sogar noch jene des Hitlerterrors, obwohl die Bedrängnis groß war. Trotzdem besiegelten die Nazis indirekt das Schicksal von St. Bonifaz. Ganz in der Nähe, um den Königsplatz, war das Parteiviertel der NSDAP mit Tausenden von Mitarbeitern entstanden. Das „Braune Haus", die Reichsgeschäftsstelle der Partei an der Briennerstraße 45, bildete den Mittelpunkt. Viele der Nazi-Bauten blieben im Bombenhagel der Alliierten im 2. Weltkrieg unversehrt, nicht so das Kloster St. Bonifaz, das insbesondere die Briten wohl nicht auf den Karten für ihre Bombenteppiche hatten. So wurde den Benediktinern die räumliche Nähe zu der braunen Schaltzentrale zum

Verhängnis. St. Bonifaz wurde in Grund und Boden gebombt. Böse Ironie des Schicksals: Ausgerechnet das unselige „Braune Haus" überstand den Bombenhagel. Nach dem Krieg setzten empörte Münchner Bürger den Abbruch dieser Nazi-Hochburg durch. Das Kloster und die Abteikirche, die nur mehr halb so groß wieder aufgebaut wurde, stehen jetzt unbelastet von solcher Nachbarschaft mitten drin in der Münchner Stadt. Genauso, wie sich das der König Ludwig einmal vorgestellt hatte.

Discretio – Slalom durchs geistliche Leben

Wie die Mönche von St. Bonifaz heute in der Stadt und auf dem Land unterwegs sind

Das rechte Maß: Im CSU-Hauptquartier an der Münchner Nymphenburgerstraße rufen sie alle gleich „45 plus x" und meinen das nach oben offene Ausmaß ihrer künftigen Wahlerfolge. Genussfreudige Gerstensaftliebhaber wiederum sehen vor ihrem inneren Auge sofort einen gut eingeschenkten Liter feinen Gebräus, betonen aber die altbaierische Rechtschreibung, wonach eine solche Menge Bier weiblich zu sein hat. Nichts von alledem trifft zu. Das rechte Maß ist vielmehr die höchste Tugend der Benediktiner, auch „Discretio" genannt: Die große Kunst der Unterscheidung zwischen all dem Bedeutsamen und dem vielleicht weniger Wichtigen. Für eine Entscheidung dabei stets die Mitte zu finden, das wäre dann das rechte Maß. Schwierig, schwierig das alles. Auch Benediktiner schaffen dies nicht immer.

Ein Paradebeispiel für diesen verzinkten, lebenslangen Slalomlauf: Die Benediktinerabtei St. Bonifaz in München und das dazugehörige Priorat Andechs vor den Toren der Metropole (Priorat = von einer Abtei abhängiges Kloster). Rund um den Globus in aller Munde ist Andechs auf dem heiligen Berg. Ein echter Touristen-Bringer, wie er besser nicht zu erfinden ist und in der Bayern-Hitliste gleich nach Neuschwanstein kommt. Das Kloster in der Stadt, die Abtei, kennen dagegen viele nicht. Eher wundert sich der Verkehrsteilnehmer über diese verdächtig lange Mauer, die da an der Karlsstraße in der Innenstadt entlang führt. Vermutlich wieder eines dieser Immobilien-Filetstücke im Besitz von Versicherungskonzernen, sinniert so mancher beim Ampel-Stopp an der Kreuzung zur Luisenstraße.

Die meisten kannten den barocken, ehrgeizigen Cellerar (= Wirtschaftsleiter) Anselm Bilgri (Jahrgang 1953). Man könnte auch sagen, er war der bunte Hund der ansonsten schwarz gewandeten Benediktiner. Pater Anselm wäre auch gerne Abt geworden. Einer vergleichsweise winzigen Minderheit ist Pater Dr. Johannes Eckert (Jahrgang 1969) geläufig. Der eine hätte gerne eine recht muntere Mischung aus Geistlichkeit und Weltennähe mit gewinnbringenden Geschäftsideen gehabt. Der andere sieht das Kloster insbesondere als Oase für die Glaubenssuchenden, als eine Stätte des „neuen Jerusalem" (dazu kommen wir noch). Obgleich er gegen eine sichere wirtschaftliche Existenz für die Mönche als Selbstversorger überhaupt nichts hat. Im Gegenteil: Johannes' Doktorarbeit hatte den Vergleich zwischen BMW und dem Benediktinerorden zum Inhalt. Der Mönch entdeckte dabei erstaunliche Gemeinsamkeiten beim Führen eines Unternehmens und eines Ordens bzw. Klosters. Anselm jedenfalls, der vermeintliche Favorit, war nicht Abt geworden, Johannes, der 15 Jahre jüngere scheinbare Nobody, aber schon. Bekanntlich entstand aus all diesen Unterschieden ein für benediktinische Verhältnisse großer Unfriede, über den sogar eine halbamtliche chinesische Zeitung be-

Der prächtige Innenraum der Andechser Klosterkirche mit dem Doppelaltar wurde von Johann Baptist Zimmermann entworfen.

richtete, allerdings in großer Sorge darüber, dass es in Andechs keinen dunklen Bock mehr geben könnte. Der Cellerar ging in die freie Wirtschaft, der Abt ist Abt geblieben. Die höchste Tugend der Benediktiner wirkte nicht. Das rechte Maß, es fand sich nicht, obwohl der junge Abt dem älteren Anselm ein sogenanntes Sabbat-Jahr, eine Art Auszeit, angeboten hatte.

Das rechte Maß finden: Da ist das Kloster St. Bonifaz an der Karlsstraße mitten im brodelnden München. Zum Sprengel der Klosterpfarrei gehören der Karlsplatz alias „Stachus" und der Hauptbahnhof. Alles kei-

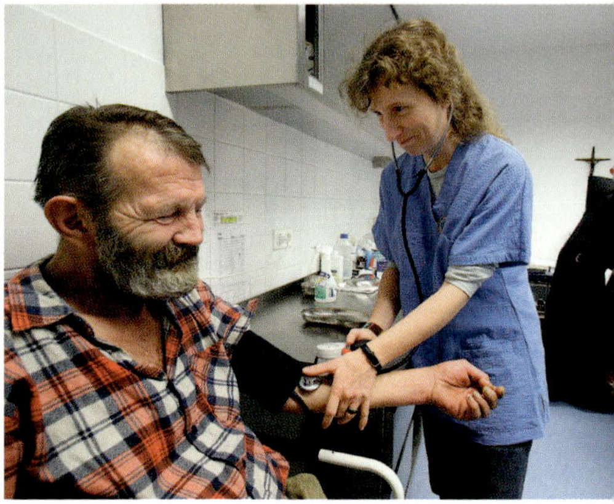

Im neu errichteten Haneberghaus auf dem Gelände von St. Bonifaz finden Obdachlose Rat, Verpflegung, medizinische Hilfe und auch Unterkunft.

ne ruhigen Orte für ein Kloster als Platz der Stille und Sammlung, wie es der Ordensgründer Benedikt seinen Mitbrüdern ans Herz gelegt hatte. In unmittelbarer Nachbarschaft zum Kloster, das der Stifter König Ludwig I. im Stil der Kirchen von Ravenna erbauen ließ, ist ein gigantischer Palazzo mit teuersten Wohnungen, Büros und Hotelsuiten entstanden, längst eine der feinsten Adressen Europas. Was für eine Aussicht für die Obdachlosen, die Tag für Tag im Kloster zu essen und zu trinken bekommen, mit Kleidung versorgt und in einer hauseigenen Arztpraxis medizinisch betreut werden, ja sogar in bescheidenen Quartieren befristet wohnen können. Während nebenan über so entscheidende Fragen wie „Martini – gerührt oder geschüttelt?" befunden wird, müssen ein komplettes Ärzte- und Betreuerteam zusammen mit den Mönchen zusehen, wie sie in dem eigens für die Obdachlosen direkt neben dem Kloster gebauten „Haneberghaus" (benannt nach einem der Äbte von St. Bonifaz) den wachsenden Andrang der Notleidenden geregelt bekommen – stets unter Wahrung der Menschenwürde.

Der allergrößte Teil des Geldes dafür wird draußen vor der großen Stadt erwirtschaftet, im 40 Kilometer entfernten Priorat Andechs. Der Legende nach soll sich der liebe Gott nach Erschaffung der Welt hier in der Gegend ausgeruht haben und als er wieder aufstand, war diese paradiesische Voralpenlandschaft entstanden. Jedenfalls finanziert jede Maß Andechser Bieres aus der klostereigenen, berühmten Brauerei oder jeder Rettich zur Brotzeit mit dem kostenlosen Blick ins oberbayerische Paradies die Obdachlosenhilfe an der Karlsstraße mit. Von ungefähr steht der Spruch „Trink und iss, Gott nicht vergiss", also nicht an einem Deckenbalken im Andechser Bräustüberl. Die benediktinische Tradition schließt auch Maßnahmen zur Nahrungsaufnahme für Hirn und Gemüt nicht aus. In Reichweite des Bräustüberls bekommt Führungspersonal aus Wirtschaft, Politik und Verwaltung das Extrakt aus der Benediktregel serviert: menschliche Menschenführung mit viel „Discretio". Für die Kulturbeflissenen im Gäu – das Münchner Bildungsbürgertum etwa kommt in hellen Scharen – halten die Mönche auf und um

Gestiftet von König Ludwig I.: die große theologische und philosophische Bibliothek in St. Bonifaz mit 150.000 Bänden

den Heiligen Berg herum im Jahreslauf ein üppiges Programm bereit. Das Musizieren, das Theaterspielen, das Bücherschreiben und die bildende Kunst zählten übrigens immer schon zu den benediktinischen Leidenschaften. In Andechs fällt das so richtig auf, weil obendrein auch noch dem großen Carl Orff gehuldigt wird, der in der „Schmerzhaften Kapelle" in der Klosterkirche begraben liegt. Seit 1992 werden Orff-Festspiele unter den Augen der Mönche lustvoll inszeniert.

Von diesem andauernden weiß-blauen Sinnenfest in Gottes Namen samt Fortbildungsprogramm profitiert im Kloster in der Stadt neben den Bedürftigen auch die „Pib", die „Pädagogisch-psychologische Informations- und Beratungsstelle" für Schüler, Eltern und Lehrer. Im Pib auf dem Klostergelände gibt es Hilfe bei Prüfungsangst, Lern- und Konzentrationsproblemen, gegen Mobbing, für Scheidungswaisen, für Eltern mit Kindern vor oder in der Pubertät. 23 Mönche, der Abt inklusive, halten das Gesamtunternehmen St. Bonifaz in der Stadt und auf dem Land in

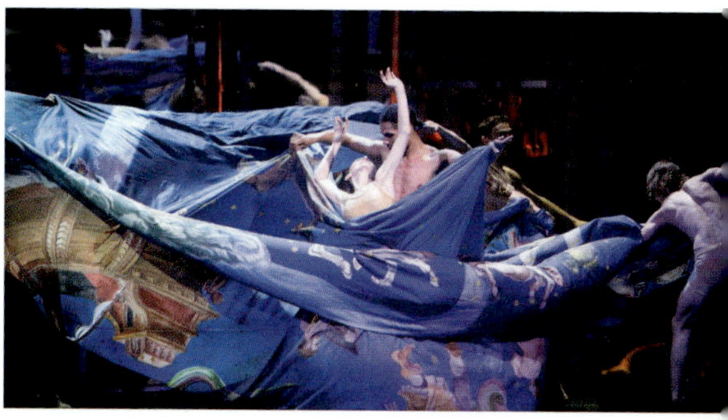

Orff-Festspiele im Florian-Stadl in Andechs

Der Abt von St. Bonifaz, Dr. Johannes Eckert, bei einer Taufe

Schwung. In der Abtei ist nicht zu vergessen die Seelsorge mit den – gäbe es eine Gottesdienst-Hitliste – angesagtesten Andachten Münchens, die gewaltige theologische und philosophische Bibliothek mit 150.000 Titeln zur Pflege der Wissenschaften als bis heute gültiger Stiftungsauftrag König Ludwigs I. oder das dazugehörige „Colloquium Benedictinum", ein ganzjähriges Bildungsprogramm.

Abt Johannes, übrigens als Deutschlands jüngster Klosterchef angetreten, hat für St. Bonifaz und Andechs ein beeindruckendes Glaubensbild parat, das in der Offenbarung seines Namenspatrons steht und eine Endzeit-Vision ist: An beiden Klosterorten herrsche die Sehnsucht nach dem erwähnten „neuen Jerusalem", der offenen Stadt Gottes mit den für alle Menschen offenen Türen. In der Offenbarung des Apostels Johannes steht noch sinngemäß, dass am Ende der Zeiten alle Völker kommen werden und hier zusammen wohnen, niemand wird ausgeschlossen – wie gesagt, die Tore stehen immer offen. Ein Strom lebendigen Wassers fließt durch die Stadt, an dessen Ufern Bäume des Lebens wachsen, die stets Früchte tragen und deren Blätter zur Heilung der Nationen zum Frieden dienen. Das hört sich schon sehr nach dem Heiligen Berg Andechs an, von dem der Klosterchef auch sagt, hier sei ein „Gasthaus Gottes für die Menschen." Die Sehnsucht nach dem Jerusalem Gottes wolle man wach halten. „Und ein bisschen bayerisches Jerusalem sind unsere beiden Klöster ja schon," merkt Abt Johannes an. Jeder habe Zutritt, Speisung fürs leibliche und geistige Wohl gebe es auch, es herrsche Friede und Gott sei präsent in jedem.

Der Gottesmann erzählt, wie sie ihn weggewählt hätten aus dem einen Teil des bayerischen Jerusalems. „Ich war ja Landpfarrer in der Andechser Gegend und auf einmal war ich Abt in der Stadt." Jetzt sei er Brückenbauer zwischen Stadt und Land und teilt sein Abt-Dasein 50:50 zwischen St. Bonifaz und Andechs auf, was vorher kein anderer Abt getan hatte. Noch eine kleine Indiskretion: Wer regelmäßig frühmorgens mit der S-Bahnlinie 8 von München nach Geltendorf (Kreis Fürstenfeldbruck) fährt, dem könnte ab und zu ein gut aussehender, normal gekleideter jungenhafter Mann auffallen, der stets in Grafrath aussteigt. Gut möglich, dass es sich um den Abt handelt, der immer mal wieder von dort aus zu Fuß nach Andechs unterwegs ist – in aller Discretio, denn, wohlgemerkt, es geht ja doch stets um das rechte Maß.

Benediktinerabtei „Zum Heiligen Bonifatius" (St. Bonifaz) mit Priorat „Zu den Heiligen Nikolaus und Elisabeth in Andechs"

Klostergründung St.Bonifaz: 1835,
Klostergründung Priorat Andechs: 1391.
Derzeitiger Klosterchef: Abt Dr. Johannes Eckert.

Adresse Abtei St. Bonifaz:
Karlstraße 34, 80333 München, Tel.: 089 ⁄ 55171-0, Fax: 089 ⁄ 55171-100, Email: abtei@sankt-bonifaz.de, Internet: www.sankt-bonifaz.de.

Tätigkeiten der Abtei:
Seelsorge in verschiedenen Pfarreien, wissenschaftliche Arbeit, Erwachsenenbildung, Obdachlosenhilfe, Fremdenführung, Kulturpflege, Land- und Brauwirtschaft.

Einrichtungen und Angebote in St. Bonifaz:
Zentrum St. Bonifaz (Pfarr- und Bildungszentrum, näheres im Internet www.sankt-bonifaz.de unter „Colloquium"), Stiftsbibliothek (Schwerpunkte: Geschichte des Mönchstums, Theologie, Näheres im Internet unter „Stiftsbibliothek"), Haneberghaus (Obdachlosenhilfe, Kontakt: Prior Frater Emmanuel Rotter, Telefon 089 ⁄ 55171-300, Fax 089 ⁄ 55171-302), klösterliches Stundengebet, lebendiges Gottesdienst-Programm, Seelsorgegespräche, Meditation und Tanz (näheres im Internet unter „Pfarrei"), reiches Kirchenmusikangebot, „Auszeit für Männer" (1 Tag Besinnung, Anmeldung bei Pater Dr. Niklas Raggenbass, Telefon 0 89 ⁄ 5 51 71-0 oder Email: rasch@sankt-bonifaz.de), Exerzitien im Kloster (Anmeldung s. o.), Zivildienst im Kloster (Anmeldung unter abtei@sankt-bonifaz.de), Bücher, CDs und Ansichtskarten an der Klosterpforte, Pädagogisch-psychologische Informations- und Beratungsstelle (PIB) auf dem Klostergelände (Angebote für Kinder, Eltern und Lehrer in Krisensituationen. Träger: katholische und evangelische Kirche, Informationen unter www.pib-muenchen.de)

Adresse Kloster Andechs:
Bergstrasse 2, 82346 Andechs (Kreis Andechs), Tel.: 08152 ⁄ 376-0, Fax: 08152 ⁄ 376-143, Email: info@andechs.de, Internet: www.andechs.de.

Anfahrt Andechs:
A 96 München-Lindau, Ausfahrt Oberpfaffenhofen Richtung Wessling über Herrsching. S-Bahn: S 5 München-Herrsching, Bus nach Andechs.

Einrichtungen und Angebote im Kloster Andechs:
Nikolaus-Kolleg (Seminare und Veranstaltungen für Seelsorge, Gemeindedienst und individuellen geistliche Wege, näheres unter www.andechs.de/veranstaltungen/nikolaus/index.html), Kulturzentrum Andechs (u. a. „Orff in Andechs", Näheres unter www.andechs.de/veranstaltungen/konzerte/index.htm), „Andechser Exerzitien für Manager" (näheres unter www.andechs.de/veranstaltungen/seminare/index.html), informativer Kräuterlehrgarten, gut sortierter Klosterladen, ausgewähltes Angebot an Klosterarzneien.

Gastronomisches und touristisches Angebot in Andechs:
Berühmtes Andechser Bräustüberl und traditionsreicher Klostergasthof, weltbekannte Klosterbrauerei sowie Klosterbrennerei, Klostermetzgerei (Näheres unter www.andechs.de/essen/), Ausflüge in die Umgebung (Näheres unter www.andechs.de/service/besuchsplan/)

Besonderheiten:
Kloster Andechs und der Heilige Berg als uralter Wallfahrtsort und weltberühmter Touristenmagnet in oberbayerischer Traumlandschaft, ökologisch orientierte Land- und Forstwirtschaft in der Andechser Ökonomie.

Einen Mönch zum Freund zu haben, ...

... der mit einem auch noch die Leidenschaft zum Beispiel für den Handballsport teilt, das ist an sich bereits eine große Freude. Hat man dann auch noch vor, sich dem Thema „Klöster und Orden" beruflich zu nähern, dann ist diese besondere Freundschaft keine Spezlwirtschaft, sondern hilft beim Erkennen. Pater Eberhard Lorenz, Benediktiner in der Abtei St. Michael in Metten an der niederbayerischen Donau und zugleich katholischer Pfarrer in der Marktgemeinde, hat mir eines Tages am Beispiel eines Handball-Tornetzes die Mönchsgemeinschaft ausgedeutet. Wir standen in der Mettener St. Benedikthalle zusammen. Den Bau hat er als schlauer Hallertauer bei seinen Mitbrüdern mit der nicht zu wiederlegenden Begründung durchgesetzt, Handball sei als Mannschaftssport praktizierte Pastoral. Bloß braucht man dazu halt eine Halle. Ich hatte ihn im Auftrag des Bayerischen Rundfunks für eine TV-Dokumentation über die Abtei vor der Kamera. Das Tornetz als Sinnbild für Gemeinschaften mit langer Haltbarkeit war ein Bilderbuch-Aufhänger.

Während draußen die Gesellschaft im ICE-Tempo am Zerbröseln ist, gibt es in diesem Land also eine Welt der Gemeinschaften, aufgebaut nach uralten Plänen. Dieses Miteinander funktioniert auch noch, trotz der unter Menschen so üblichen Spannungen und Zerreißproben. Es ist offenbar eine Gegenwelt. Und dazu gibt es Fragen, spannende Fragen: Was tun die Klosterleute den lieben Tag lang ? Wie lebt es sich so abseits vom Zeitgeist und in Abgeschlossenheit ? Wie ist das mit Glaubenssuche und Gottesnähe?

Dieser Gegensatz „Außenwelt – Kloster- und Ordenswelt" ist, dramaturgisch gesehen, für Journalisten fast ein Geschenk des Himmels. Man stelle sich nur vor: Jemand entscheidet sich für ein Leben in materieller Armut, für ein Leben in Keuschheit, für ein Leben in ständigem Gehorsam. Ringsum toben Drugs, Sex and Rock'n Roll und ein bildhübsches Mädchen oder ein gut aussehender junger Bursch gehen hinter Klostermauern. Das ist gemeinhin der Stoff, aus dem die Spitzenstories sind, ob beim kracherten Boulevardblatt oder bei der distinguierten Abonnementzeitung. Dazu noch eine gute Portion mit Geheimnisvollem und Legendenumwobenem. Das alles gut erzählt, sollte eigentlich den Publikumsgeschmack treffen.

Die Rezeptur hatte ich. Mein Handball-Pater Eberhard mit seinem schönen Bild vom Tornetz war dann der Auslöser dafür, dass ich eines Tages auf die Reise in die andere Welt ging. Ich hatte mir Orden und Klöster nach meinem Geschmack herausgesucht, eine Mischung aus Frauen- und Männerorden, Klöstern auf dem Land und in der Stadt, Priester- und Laienorden, kontemplativen und eher der Welt zugewandten Orden sowie alten und neuen Klöstern. Hinzu kamen auch jene heiligen Plätze, die mit bayerischer Geschichte und Kultur in einem Atemzug zu nennen sind: So die Benediktiner vom Kloster Metten, das Dominikanerkloster St. Kajetan zu München, das Trappistenkloster Engelszell hinter

Passau, die Deutsche Provinz der Jesuiten mit Sitz in München, das Augustinerkloster Maria Eich im Landkreis München, das Zisterzienserinnen-Kloster Waldsassen, die Beneditkinerabtei Weltenburg, das Frauenkloster der evangelischen Communität Casteller Ring bei Kitzingen, das niederbayerische Prämonstratenserkloster Windberg bei Bogen, das Mutterhaus der Barmherzigen Schwestern in München, das Benediktinerkloster Gut Aich in St. Gilgen im Salzkammergut als Gründung eines bayerischen Mönches, die Missionsbenediktinerinnen Tutzing, die Missionsbenediktiner Münsterschwarzach in Unterfranken und das Benediktinerkloster St. Bonifaz in München.

So einfach öffnen sich aber Klosterpforten nicht. Ich warb zwar dafür, die Suche nach Gott und dem Glauben und dabei klösterliches Leben darstellen zu wollen. Da und dort stieß ich auf Skepsis, ja Misstrauen. Die mit Journalisten gemachten Erfahrungen waren nicht überall gut. Ich bat um Vertrauen und ein wenig war die TV-Dokumentation über die Mettener Benediktiner schon der Türöffner.

Es wurde eine Reise in die Welt des Glaubens, zu ganz unterschiedlichen Glaubenswegen und zu noch unterschiedlicheren Formen des gelebten Glaubens. Es wurde eine Reise hinein in die Geschichte Europas ab dem frühen Mittelalter und durch die europäische Kirchengeschichte. Der Weg zu den Klöstern führte aber auch mitten in die Geschichte dieses Landes Bayern. Andererseits: Ich war doch „nur" in 14 Klöstern und Orden. Aber dennoch reiste ich kreuz und quer in der bayerischen Kultur umher, durchquerte Epochen der Baukunst, der sakralen Malerei, der Musik, des Theaters und der Literatur. Nonnen und Mönche gönnten mir einen Blick in die Bücherschätze der Bibliotheken mit den theologischen und philosophischen oder den naturwissenschaftlichen Schriften. Sehr schnell war mir klar, dass es dieses heute weltweit so geschätzte, ruhmreiche Bayern ohne die Orden und Klöster gar nicht geben könnte.

Es war eine Reise zu ganz besonderen Menschen, großen Persönlichkeiten, charismatischen Menschen, Menschen von bisher nie gekannter, tiefer Gläubigkeit mit einer kaum beschreibbaren Gottesnähe und bei alledem höchst witzig, gelassen, lebensnah sowie von höchster Bildung und größter Bescheidenheit. Doch auch Nöte traten zu Tage, Nöte persönlicher Art, Nöte mit der Amtskirche, Nöte mit glaubensfernen, verzweifelten Menschen, Nöte mit Mitschwestern und Mitbrüdern. Menschlich halt. Allemal traf ich unerhört kostbare Menschen. Würde man zweifeln – und das kann man in einem Menschenleben oft – gäben sie einem den eigenen Glauben und den Glauben an die Menschheit, in der das Göttliche bekanntlich wohnt, ganz schnell wieder. Überdies saß ich in den Klöstern und Orden ausnahmslos Menschen mit einer tief berührenden Offenheit und Klarheit der Gedanken und Worte gegenüber. Wir oft zu flüchtigen Außenweltler würden von kindlich naiver Ehrlichkeit und einer ungeschützten Deutlichkeit sprechen.

Aus den geplanten Interviews wurden rasch Gespräche, drei, vier, mehr Stunden lang. Bewusst hielt ich meinerseits Störendes fern, schrieb ich mit wie der reisende Chronist vergangener Tage, verzichtete also auf Tonband oder Diktiergerät. So war die übliche Hektik draußen in der Außenwelt geblieben.

Die besuchten Nonnen und Mönche vermittelten mir noch etwas: Ich kann nun ein wenig nachvollziehen, warum es seit 1.500 Jahren auf dem Kontinent heißt: Immer dann, wenn die Weltkirche in Not gerät, kann aus den Klöstern des Abendlandes die Rettung kommen. Freilich laufen Ordensgemeinschaften heutzutage genauso Gefahr, ähnlich wie Pfarrgemeinden zerrissen zu werden, weil es an Personal fehlt oder weil schlicht und einfach Menschen nicht zusammenpassen und Streit entsteht. Aber die geistliche Vitalität der Gemeinschaften in den Orden und Klöstern haben auch in Zukunft stabilisierende Funktion für Kirche und Welt. Am Leben Verzweifelnde klopfen heutzutage nicht umsonst an Klosterpforten; von der kulturtragenden Rolle der Nonnen und Mönche in diesen postmodernen Zeiten muss kurz die Rede sein. Sie haben im Grunde in diesem Land seit dem 6. Jahrhundert nie aufgehört, die Menschen in der Außenwelt im besten Sinne zu zivilisieren, ihnen Gespür für das weniger Grobe zu vermitteln, sie zu bilden und ihnen beizubringen, auch kritische Fragen zu stellen. Erwähnt sei ferner, welch wachsende Bedeutung die Schulen in Trägerschaft der Klöster und Orden in der Gesellschaft haben. Der Zulauf signalisiert es.

Die eindrucksvollen Bilder für dieses Buch hat mein lieber Kollege Michael Westermann gemacht. Ganz bewusst begann der weitgereiste und hocherfahrene Bildjournalist, der unter anderem bei der weltberühmten Bildagentur „Keystone" gearbeitet hatte, seine Arbeit mit den Nonnen und Mönchen nach meiner Rundreise. Er und ich sollten, so unsere Vereinbarung, jeweils ungestört arbeiten können. Wir haben uns offenbar blind verstanden, betrachtet man das vorliegende Resultat. Michael Westermann trat seine Klosterreise an, nachdem er von einer Unicef-Reportage aus Angola zurückgekehrt war, wo ein mörderischer Bürgerkrieg unendliches Leid, Armut und Bildungsnotstand hinterlassen hatte.

Das neue Thema zog ihn jedoch schnell in seinen Bann: „Die faszinierende Schönheit der Klöster, in denen ich Gast sein durfte, die liturgischen Unterschiede der jeweiligen Gemeinschaften, die unendliche Freundlichkeit und die theologisch-intellektuelle Energie der Brüder und Schwestern ließen mich immer wieder aufs Neue staunen. Dort leben keine finsteren Kapuzenmänner mit düsteren Geheimnissen wie im ‚Namen der Rose', keine obskuren Bruderschaften, die Romanciers derzeit zum Gegenstand ihrer Bestseller machen. Nein, Menschen, die ihren Glauben leben – und das mit sichtbarer Freude und Lust. Menschen mit einem ungeheuren Potential an sozialem Engagement, in der Jugendarbeit, in Kliniken oder weltweit bei ihren Missionstätigkeiten.

Im Kloster Metten zeigte mir Pater Eberhard seine Handballkünste und Abt Wolfgang gewährte mir einen Einblick in die kostbare Bibliothek. Die Dominikaner in der Münchner Theatinerkirche halfen mir mit aller Kraft, mit vier Mönchen eine Doppelseite zu il-

lustrieren. Pater Günther, passionierter Motorradfahrer, weckte für mich seine Maschine gar aus dem Winterschlaf. Die Trappisten im Kloster Engelszell unter ihrem unendlich gütigen Abt Marianus setzten ihr Schweigegelübde aus, um mir wertvolle optische Tipps zu geben, und auch die Jesuiten in München hatten für die – in diesem Fall recht schwierigen – Illustrationswünsche eine Lösung. Maria Eich bei München, wo mich die Augustiner spätabends empfingen, habe ich bereits mit echter Wehmut im Herzen verlassen.
Und natürlich Kloster Waldsassen mit seiner charismatischen Äbtissin Laetitia, die ich schon von einer früheren Reportage her kannte. Natürlich habe ich ihren Stolz über zwei Novizinnen bemerkt, die vor meiner Kamera leicht erröteten.
Kloster Weltenburg, im kalten Winter touristisch verwaist, ist immer noch mit den Folgen des Hochwassers beschäftigt. Abt Thomas tauchte für mich in sein Archiv und war bemüht, alle Fotowünsche zu erfüllen. Er und seine Mitbrüder froren für mich sogar im kalten Wind am Donaustrand.
Kloster Windberg beherbergte mich zwei Nächte. Die Zeit brauchte ich auch, weil ein hartnäckiger Nebel über dem wunderschönen Bauwerk hing. Noch weiß ich bis heute nicht, ob nicht doch die dicken Zigarren von Bruder Laurentius die wahre Ursache dafür waren. Erquickend das Trompetenspiel von Abt Herrmann Josef, der ohnehin nur gute Laune verbreitet. Das liegt wohl an seiner exzellenten Küche, der ich intern einen Klosterstern verlieh.
Erstaunen über die protestantischen Nonnen des Casteller Rings in Windberg. Ich hatte bisher nicht gewusst, dass es protestantische Klöster gibt. Auch der Tagesablauf kam mir strenger vor als in katholischen Glaubensgemeinschaften.
Respekt für Generaloberin Theodolinde und ihre Barmherzigen Schwestern in München. Wer über Arbeitsbelastung klagt, sollte einmal deren Tätigkeit verfolgen. Die Reportage zog sich daher über mehrere Tage hin, weil auch Klosterschwestern einen vollen Terminkalender haben. Was für eine tolle Organisation: Bildwunsch an Theodolinde, die sofort Organisation und Regie übernimmt – Motiv im Kasten! Und einen Kasten Adelholzener gab sie mir auch noch mit für meine Weiterreise.
Die führte mich zu den Missions-Benediktinerinnen nach Tutzing, wo die gütige Priorin Hedwig Willenbrink ihr Bestes gab, mich beim ‚Lichtbildhauen' zu unterstützen. Bei der Sichtung ihres Archivs von Missionsarbeiten auf der ganzen Welt kam ich aus dem Staunen nicht mehr heraus.
Das Europakloster Gut Aich und seine ‚Glorreichen Sieben' mit dem quirligen Prior Dr. Johannes Pausch an der Spitze war mir drei Tage wert. Ich wäre wohl heute noch da, wenn ich nicht irgendwann die Klosterlikör-Verkostung erschöpft abgebrochen hätte und es keinen Katastrophenalarm wegen meterhohen Schneeverwehungen gegeben hätte. Eine tolle Adresse für ein ‚Klosterleben auf Zeit'.
Dann das besondere Kloster. Münsterschwarzach – eine ganze Stadt. Hier empfand ich die geballte intellektuelle Energie der Benediktiner als besonders präsent. Die blitzenden, hellwachen Augen von Pater Anselm Grün und die bestechende Fröhlichkeit von Pater Jonathan, der mir sogar seine Aikido-Künste zeigte, haben mich nachts im Gästezimmer ein wenig über das doch etwas einfarbige Großstadtleben nachdenken lassen.

Und dann natürlich unser ‚Hauskloster' Andechs. Dort stand ich morgens um sechs Uhr frierend im Schnee, um den kurzen Augenblick nicht zu verpassen, der den ‚Heiligen Berg' in ein surreales Licht taucht. Der Bericht gipfelte in der Reportage im Kloster St. Bonifaz mit seiner Obdachlosenarbeit von Frater Prior Emmanuel, die mir in dieser Dimension nicht bekannt war, in der Begegnung mit dem verschmitzten Pater Niklas in der kostbaren Stiftsbibliothek und einer Taufe und Vesper mit dem jungen Abt Dr. Johannes Eckert.

Bei meiner Arbeit in den Klöstern habe ich gelernt, viel mehr zuzuhören als auf den Auslöser zu drücken. Ich habe gelernt, mich trotz meines hektischen und stressigen Berufs in Geduld zu üben. Ich habe mit den Brüdern und Schwestern gegessen, diskutiert, gewitzelt – und viel gebetet. Ich glaube, wir hatten alle zusammen Spaß an der Arbeit – schließlich sind Nonnen und Mönche keine Schauspieler ...
Und: Ich habe meinen Glauben wiedergefunden! Ora et labora."

So kam es also zu den ganz persönlichen Erfahrungen auf den 14 Reisen in weiß-blaue Glaubenswelten. Diese Reisen waren für Michael Westermann und für mich Kostbarkeiten, die wir an unsere Leserinnen und Leser mit Freuden weitergeben. Der bei diesen besonderen Reise-Reportagen mitgelieferte geschichtliche Hintergrund soll die vielen Schattierungen, die netzhaften Verbindungen und die größtenteils wenig bekannten Verästelungen in der Entwicklungsgeschichte der Orden und ihrer Kirche bis in die Jetztzeit verständlicher machen – auch im Hinblick auf die Verflechtung mit der Außenwelt, mit dem Staat und der ihn tragenden Gesellschaft. 1803 mag im kurfürstlichen Bayern die Trennung von Kirche und Staat härter und radikaler als anderswo vollzogen worden sein. Ganz auseinander hat man sie nie gebracht. Auch das ist eine Reiseerfahrung.

Es wäre kein bayerisches Buch, wenn nicht auch die nur hierzulande so innig und leidenschaftlich gelebte Einheit von Leib, Herz, Geist und Seele vorkäme und es dafür geeignete Empfehlungen gäbe. So mögen die Leser den mit größtmöglicher Sorgfalt zusammengestellten Wegweisungen in die Glaubenswelten folgen, ihre ganz persönlichen Entdeckungen machen und, so wünschen es auch die Nonnen und Mönche, dabei den Sinnesfreuden zu ihrem guten Recht verhelfen.

Kloster-Lexikon

Abt
Vorsteher einer Mönchsgemeinschaft (Aramäisch *aba*, Altgriechisch *abbas* = Vater). Laut Benediktregel ist der Abt der geistlicher „Herr" und „Vater." Äbtissin entsprechend für Nonnengemeinschaft. Ähnlich wie ein Bischof trägt ein Abt eine Mitra als Kopfbedeckung, einen Stab und einen Ring. Abt und Äbtissin werden von all jenen der Klostergemeinschaft gewählt, die die ewige Profess (siehe unten) abgelegt haben. Äbte sind auf Lebenszeit gewählt und dürfen das Sakrament der Firmung spenden.

Abtei
Kloster mit einer Mindestzahl an Mönchen oder Nonnen, der ein Abt/eine Äbtissin vorsteht.

Akronym
Ordensabkürzung, die jeder Ordensangehörige hinter seinem Namen trägt und die die Ordenszugehörigkeit angibt. Beispiel: OSA = Lat.: Ordo Sancti Augustini = Orden des Heiligen Augustinus = Augustiner.

Autark
Nach Augustinus (354-430 n. Chr.) und Benedikt (480-547 n. Chr.) haben Klöster des Abendlandes stets selbstständig im Sinn der Eigenversorgung zu sein (Griech.: *autarkia* = Selbstständigkeit). Viele Klöster versorgen sich bis heute selbst (Land- und Forstwirtschaft, Gartenbau, Nahrungsmittelproduktion, Handwerksbetriebe).

Bettelorden
Im 13. Jahrhundert entstandene Reformorden (Dominikaner, Franziskaner, Augustiner, Kapuziner), die materiellen Besitz völlig ablehnen. Leben durch Arbeit, Spenden, Betteln. Klöster fast ausschließlich in Städten. Mönche als Seelsorger, Lehrer und vor allem als Prediger.

Brevier
Buch für das tägliche Stundengebet zu bestimmten Zeiten. (Lat.: *brevis* = kurz). Weiteres siehe Gebetszeiten.

Bibliothek
Im frühen und Hochmittelalter waren die Bibliotheken (Altgriech. für Büchersammlung) der Klöster einzige Wissens- und Bildungsquelle. Nach der Säkularisation (siehe unten) z. B. in Bayern wurde der Bücherschatz u. a. für den Straßenbau verwendet oder in die Staatsbibliothek nach München gebracht.

Cellerar
In Klöstern mit benediktinischer Regel der Mönch, der sich um die wirtschaftlichen Fragen kümmert. (Lat.: *cellerarius* = Kellermeister).

Choral
Einstimmiger, von einzelnen Vorsängern (Kantoren) oder der Chorgemeinschaft vorgetragener Gesang des Stundengebets und der Eucharistiefeier (Messe) in einer ruhigen Singweise altkirchlichen Ursprungs. Rhythmik und Dynamik dienen auch der Meditation.

Chorgebet
siehe Gebetszeiten.

Exemt

Klöster sind grundsätzlich exemt, also in sich selbstständig und unterstehen nicht dem Bischof des jeweiligen Bistums. (u. a. Franz.: exempt = frei).

Frater

Bezeichnung der Mönche (Lat.: *frater* = Bruder). Je nach Orden wird das Wort „Bruder" oder „Frater" verwendet. Abgekürzt steht die Anrede vor dem Ordensnamen mit „Fr.", „fr." oder „Br.". Mönche mit Priesterweihe heißen „Pater" (Lat.: Vater), abgekürzt „P."

Gebetszeiten

Die klösterliche Gemeinschaft betet täglich aus dem Brevier den Hymnus (Preislied) und die Psalmen im Chorgebet (gemeinsames Gebet) zu folgenden Zeiten (Gebetszeiten sind von Orden zu Orden, ja selbst innerhalb eines Ordens unterschiedlich). Hier die Gebetszeiten der Benediktiner des Klosters Ettal: Vigil (= Nachtwache) 5:15 Uhr, Laudes (= Morgengebet) 5:40 Uhr, Kleine Horen (Lat.: *hora* = die Stunde): Terz (3. Stunde des Tages) 9:00 Uhr, Sext (oder Mittagshore, 6. Stunde), 12:00 Uhr, Non (9. Stunde) 15:00 Uhr, Vesper (= Abendgebet) 18:00 Uhr, Komplet (= Nachtgebet) 19:30 Uhr.

Gregorianischer Choral

(siehe auch Choral) Ein nach Papst Gregor I. (ca 600 n. Chr.) benannter einstimmiger Chorgesang, in Ordensgemeinschaften meistens von einer Choralschola (Lat.: *schola* = Schule) ab vier Mitgliedern vor allem in lateinischer Sprache vorgetragen.

Guardian

Oberhaupt (für 3 Jahre ernannt) in einem Franziskaner- oder Kapuzinerkloster (Lat.: *guardianus* = Wächter, Hüter). Vergleichbar mit einem Prior (siehe Priorin).

Habit

Vorgeschriebenes Gewand der einzelnen Orden, festgelegt in den jeweiligen Ordensregeln oder Satzungen. Lateinisch *Habitus* = Haltung, Tracht. Meistens hat das Ordensgewand folgende Teile: Tunika (= Untergewand), Gürtel (Lat.: *cingulum*), Skapulier (Lat.: *scapularium* = Schulterkleid), ein über Brust und Rücken reichendes bodenlanges Tuch als Überwurf über die Tunika, Kukulle (Lat.: *cucullus* = Tüte), faltenreiches, mantelartiges Übergewand (auch Flocke genannt) mit Kapuze. Jesuiten oder Salesianer tragen keinen Habit.

Klausur

Abgeschlossener Wohn- und Lebensraum eines Klosters, grundsätzlich nur der Klostergemeinschaft zugänglich (Lat.: *clausura* = Verschluss). Auch: In Klausur gehen = in sich gehen, sich frei von äußeren Einflüssen machen.

Kloster

Lebens- und geistliche Gemeinschaft von Nonnen oder Mönchen (eher selten: Doppelklöster mit getrennt voneinander lebenden Nonnen und Mönchen), in fast allen Weltreligionen als von der Außenwelt abgeschlossene Gemeinschaften (Lat.: *claustrum* = Schloss).

Kongregation

Zusammenschluss mehrerer selbständiger Klöster eines Ordens zu einem Verband (z. B. die bayerische Benediktinerkongregation) (Lat.: *grex* = die Herde oder *congregare* = versammeln).

Kontemplation

Leben und Handeln in den Orden, das auf einen bestimmten Empfindungszustand ausgerichtet ist und Bewusstseinserweiterung möglich macht. (Lat.: *contemplari* = betrachten, erblicken). Ein kontemplativ handelnder Mensch ist von Ruhe bestimmt und versinkt in der Aufmerksamkeit auf einen Gedanken oder eine Empfindung auf dem Weg in sein Innerstes. Ziel ist es, als einzelne Person in dem Gedanken an Gott, der in jedem Menschen wohnt, aufzugehen und diesen Zustand für sich fühlbar zu machen. Kontemplative Orden sind u. a. die Trappisten, die Zisterzienser oder die Karmeliten. Durch die Kontemplation wird der Mensch auch frei für die Wege der Mystik (siehe dort).

Konvent

Versammlung und Gemeinschaft aller Kloster-Mitglieder (Lat.: *conventus* = Zusammenkunft). Bei wichtigen Entscheidungen ruft der Abt/Äbtissin oder Prior/Priorin (siehe unter „Prior“) das Konventkapitel (Lat.: *capitulum* = Köpfchen) ein, dem alle Nonnen/Mönche mit ewiger Profess (siehe unter „Profess“) angehören. Die Rangordnung unter Klosterangehörigen ergibt sich nicht durch den „Status“ (z. B. Frater oder Pater) oder das Lebensalter, sondern nur durch das Eintrittsalter.

Kommunität

Christliche Lebensgemeinschaften mit klösterlicher Prägung. (Lat.: *communitas* = Gemeinschaft). Innerhalb der evangelischen Kirche Bezeichnung für klosterähnliche Gemeinschaften.

M

Jede Ordensschwester trägt vor ihrem Ordensnamen die Initiale „M“ für Maria = Muttergottes.

Meditation

Im christlichen Sinn Hinwendung zu Gott durch intensives Lesen, Beten oder durch schweigende Ergriffenheit (Lat.: *meditatio* = Nachdenken über etwas oder *media pars* = die Mitte). Rosenkranzbeten in der Gemeinschaft oder das intensive Empfinden der Messfeier wird als meditative Übung empfunden. Meditation ist im heutigen spirituellen Sprachgebrauch auch der Sammelbegriff für das geistliche Leben des einzelnen Ordensangehörigen.

Mittagshore

(siehe unter „Gebetszeiten“) Besteht eigentlich aus drei Gebetszeiten (Terz – Sext – Non), die heute aber meistens zusammen als Mittagshore gebetet werden.

Mönch

In frühchristlichen Zeiten als Einsiedler abgeschieden (Wüste/Wildnis) auf Gottessuche lebend (Lat.: *monachus* = Einsiedler, Mönch. Der hl. Benedikt führte im 6. Jahrhundert n. Chr. das Leben in Mönchsgemeinschaften ein.

Monastisch

Aus dem Griechischen: *monos* = allein lebend. Mönchisches Leben unter Verzicht auf Ehe, Familie, Besitz und selbstständiger Lebensführung.

Mutterhaus

Zentrale einer weiblichen Ordensgemeinschaft.

Mystik

Das erreichte Ziel der Kontemplation (siehe oben), auf dem Weg der Versenkung in sich selbst mit Gott, der im Menschen wohnt, eins zu werden. (Lat.: *mysticus* = unbeschreiblich, unaussprechlich, geheimnisvoll). Es ist der Höhepunkt der Gotteserfahrung, der Mensch wird von dem „Höheren" umfasst. Die Mystik ist in vielen Orden Bestandteil des Klosterlebens.

Nonne

Ordensschwester, Mitglied eines weiblichen Ordens (weibliche Form von Altgr. u. Lat.: *nonnus* = Mönch).

Novizin / Novize

Neues Mitglied einer Ordensgemeinschaft nach einer ersten Probezeit, dem Postulat. Das Noviziat beginnt mit der Einkleidung und dauert ein Jahr (oder auch länger). Mit dem Ordensgewand erhält der Bewerber auch einen von Abt/Äbtissin ausgewählten, neuen Vornamen, der zugleich Ordensname ist. Nach dem Noviziat kann der Novize die zeitliche Profess ablegen. Grundsätzlich können für die Aufnahme in ein Kloster je nach Orden unterschiedliche Stufen, Zeitabstände und Regelungen gelten. Das Noviziat = Zeit der Ausbildung (Berufsausbildung/Studium) eines Novizen oder einer Novizin. = Zeit der Prüfung durch den Orden. Geprüft wird die Berufung für das Ablegen der Gelübde für Armut, Keuschheit und Gehorsam und ob gewissen Fähigkeiten oder Kriterien entsprochen wird, in diesen Orden einzutreten. Andererseits soll sich der Novize für den Ordenseintritt selbst prüfen.

Orden

Geistliche Lebensgemeinschaft von Frauen oder Männern. (Lat.: *ordo* = Ordnung, Stand). Unterschieden wird in erste Orden (Männer), zweite Orden (Frauen) und dritte Orden (christliche Gemeinschaften oftmals aus frommen Laienbewegungen). Das Gemeinschaftsleben verläuft nach Ordensregeln (z. B.: Regeln des hl. Augustinus und des hl. Benedikt). Tätigkeitsfelder der Orden: Seelsorge, Bildung, Sozialarbeit, Mission, Kontemplation. In Deutschland derzeit 61 katholische Männerorden und ordensähnliche Gemeinschaften sowie 111 katholische Frauenorden und ordensähnliche Gemeinschaften.

Ordensregel

(siehe unter „Orden")

Pater

Je nach Orden werden Mönche mit Priesterweihe „Pater" (Lat.: für Vater) genannt. Mönche ohne Priesterweihe, die sich dennoch den einschlägigen Studien (Theologie, Philosophie) oder einer anderen Ausbildung unterzogen haben, tragen die Bezeichnung Frater (Lat.: Bruder).

Papstgehorsam

Nur bei Jesuiten und bei deren Erneuerung der drei Gelübde Armut, Ehelosigkeit und Gehorsam nach Abschluss ihrer Ausbildung: ein viertes Gelübde mit dem besonderem Gehorsam gegenüber dem Papst.

Priorin / Prior

Der Titel Prior hat je nach Kloster verschiedene Bedeutungen. In einer Abtei mit einer Äbtissin/einem Abt als Chef ist die Priorin/der Prior StellvertreterIn. In einem Kloster ohne Abt ist der Prior der Obere (Lat.: *prior* = der Vordere, Erstere). In verschiedenen Orden, wie z. B. Karmeliten, Augustiner-Chorherren, Barmherzige Brüder, ist der Prior der Obere einer Ordens-Niederlassung.

Priorat
Filialkloster einer Abtei oder ein Kloster mit einer geringen Zahl an Nonnen oder Mönchen (meist unter zwölf).

Profess
Öffentliche Ablegung des Glaubens- und Ordensgelübdes in einer Ordensgemeinschaft (Lat.: *professio* = öffentliche Erklärung). Nach dem Noviziat (siehe oben) wird zunächst die zeitliche Profess (Dauer meist 3 Jahre) abgelegt, danach die ewige Profess als lebenslange Bindung an die Ordensgemeinschaft.

Refektorium
Der hl. Benedikt legt auf die Tischgemeinschaft und ihre Gestaltung besonderen Wert und gibt dem Mahl durch Gebet, Schweigen, Lesung ein gottesdienstliches Gepräge, dem auch die dafür freigehaltene Zeit und die Würde des Raumes entsprechen soll. Dieser Raum wird in den Klöstern „Refektorium", Speisesaal (lat.: *reficere* = wiederherstellen, stärken) genannt. Nach alter Tradition wird während der Mahlzeiten geschwiegen. Ein Tischleser trägt während dieser Zeit die „Tischlesung" (religiöse Texte und aktuelle Informationen aus der Zeitung) vor.

Reichsdeputationshauptschluss
Beschluss des „immerwährenden" Reichstages von Regensburg am 25. 2. 1803, geistliche Fürstentümer aufzulösen. Die damit beginnende Säkularisation (siehe unten) führte zur Aufhebung der Klöster in Bayern.

Säkularisation
Einzug kirchlichen Eigentums durch den Staat mit Beginn des 19. Jahrhunderts. Lat.: *saeculum* = Jahrhundert) Bedeutung, hier: Überführung sog. ewiger Werte in zeitlich begrenzte Werte. Vollzug der Trennung von Kirche und Staat nach der Französischen Revolution. Vor allem in Bayern radikale Auslöschung klösterlichen Lebens und damit der Bildungs- und Sozialarbeit sowie Überführung allen Besitzes in die Staatshand ab 1803.

Spiritualität
Befähigung des Menschen, Kraft aus dem Glauben zu schöpfen durch die Zuwendung zu Gott in Meditation, Kontemplation auch mit den Mitteln des Gebets oder Gottesdienstes, dabei in Seele und Geist in Beziehung zur einer höheren, göttlichen Wirklichkeit treten (Lat.: *spiritus* = Geist, Hauch, Atem).

Statio
Schweigende Versammlung der Nonnen/Mönche vor dem Gottesdienst (Lat.: *stare* = stehen, hier: Einkehr halten). In dieser Zeit soll sich jeder auf die Feier innerlich vorbereiten. Als äußeres Zeichen der Konzentration und Sammlung setzen Mönche bei der Statio die Kapuze auf.

Stift
Eine früher meist vom Adel „gestiftete" geistliche Einrichtung mit Personal, Gebäuden und Liegenschaften. Älteste Stiftsform: Das Kloster.

Bildnachweis

Alle Fotografien von Michael Westermann, München
mit Ausnahme von:

Abtei Münsterschwarzach: 152
Adelholzener Alpenquellen: 119
Augustiner-Kloster Maria Eich: Umschlagbild
Benediktinerabtei Metten: 13, 19
Benediktinerabtei St. Bonifaz: 166 (links)
Benediktinerabtei Weltenburg: 82 (Dr. Stefan Satzl), 85, 88, 89
Communität Casteller Ring: 93, 99
Deutsche Provinz der Jesuiten: 56
Dominikaner St. Kajetan: 33 (Bilder unten)
Europakloster Gut Aich: 124, 125, 133, 134
Kiendl, Julius, München: 25, 27, 51, 159
Klinger, Thomas, München: 167
Kloster Andechs: 158, 169
Kongregation der Barmherzigen Schwestern: 117, 118, 123
Missionsbenediktinerinnenkloster Tutzing: 137, 138, 143 (Bilder unten)
Münchner Kirchenzeitung, Archiv: 53
Prämonstratenserabtei Windberg: 105, 107
Stift Engelszell: 40
Zisterzienserinnen-Abtei Waldsassen: 72
Bild auf Seite 64 aus: Hemmerle, Josef: Geschichte des Augustinerklosters in München, München 1956

Die Autoren

Peter Dermühl

Geboren in München, verheiratet, 4 Kinder.
Germanistik- und Politologie-Studium sowie journalistische Ausbildung in München. Danach Redakteur bei Münchner Merkur und Abendzeitung jeweils im Bayern-Ressort. Im Rahmen des Kabelpilotprojekts München geschäftsführender Redakteur der Mediengesellschaft der Bayerischen Tageszeitungsverleger und Programmverantwortlicher für Fernsehen. Leiter des RTL-Büros Süd, stellvertretender Chefredakteur und Chef vom Dienst bei SAT.1. 1989 Gründung des MEDIENBÜROMÜNCHEN als Dienstleister für Journalismus, Publizistik, Öffentlichkeitsarbeit, Programminhalte und -beratung. Dabei tätig u. a. für das ZDF, den Süddeutschen Verlag, den Bayerischen Rundfunk, die Bertelsmann AG.
Engagiert in zahlreichen sozialen und kulturellen Institutionen.

Michael Westermann

Geboren in Rathenow/Havel.
Nach Ableistung des Grundwehrdienstes Redaktionsleiter beim „Soldatenkurier", der damals größten deutschen Truppen-Illustrierten der Bundeswehr, in Koblenz. Auszeichnung durch den Nato-Oberkommandierenden für „hervorragende journalistische Leistungen für die deutsch-amerikanische Partnerschaft".
Redakteur, Leiter des Auslandsdienstes, Archivleiter bei KEYSTONE Pressedienst GmbH. Teilhaber und Geschäftsführer der mitbegründeten amw Pressedienst GmbH in München. Selbständige journalistische und fotojournalistische Arbeit für Tageszeitungen, Illustrierte und namhafte Industrie-Pressestellen, ab 1996 vorwiegend für die Münchner tz.
Publikationen in zahlreichen Büchern und Magazinen, Auslandsreportagen für UNICEF im Auftrag der tz.